『五箇条の御誓文』を読む

［改訂版］

川田敬一

錦正社

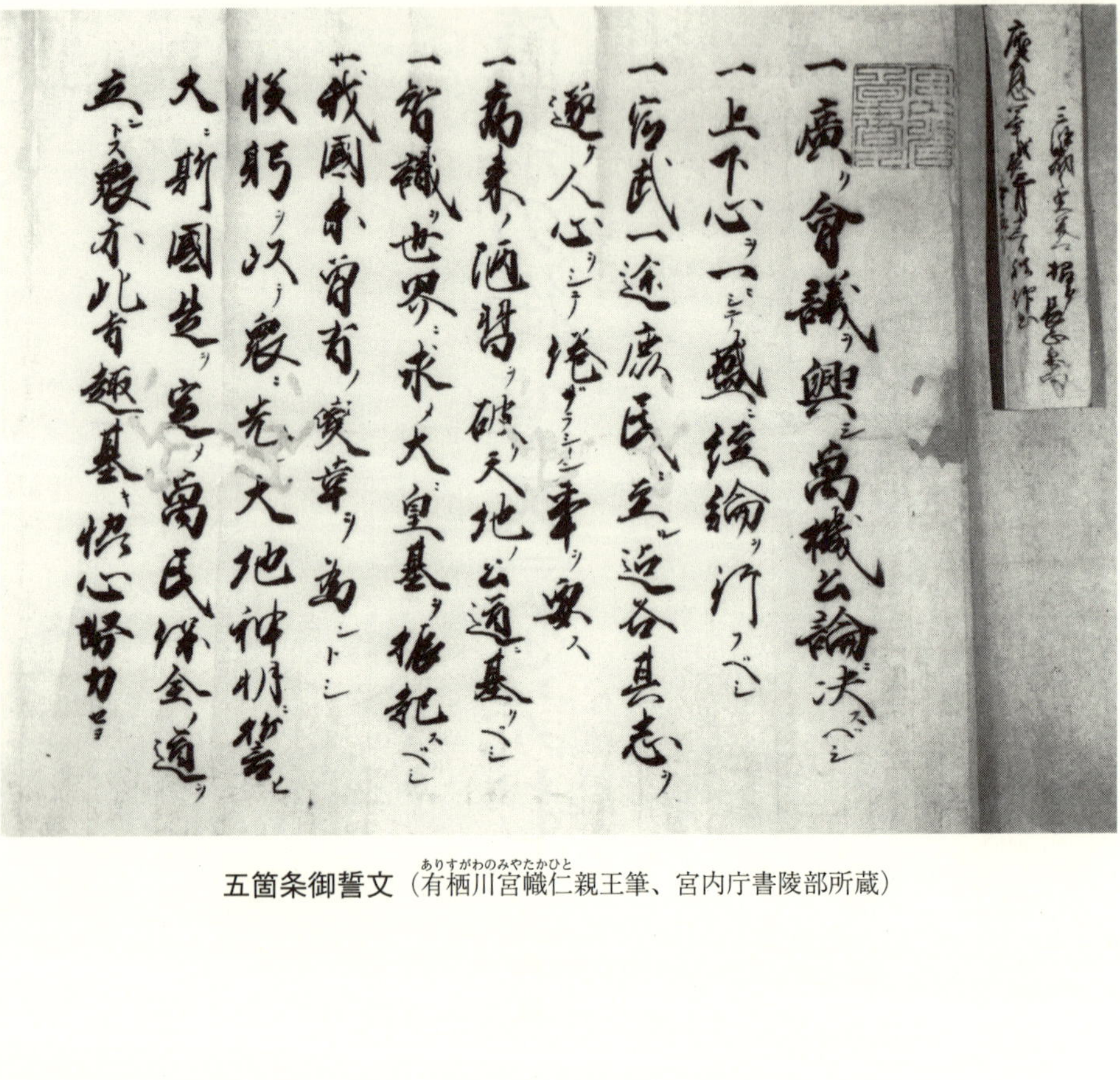
一廣ク會議ヲ興シ萬機公論ニ決スベシ
一上下心ヲ一ニシテ盛ニ經綸ヲ行フベシ
一官武一途庶民ニ至ル迄各其志ヲ遂ケ人心ヲシテ倦マザラシメン事ヲ要ス
一舊來ノ陋習ヲ破リ天地ノ公道ニ基クベシ
一智識ヲ世界ニ求メ大ニ皇基ヲ振起スベシ
我國未曾有ノ變革ヲ爲ントシ朕躬ヲ以テ衆ニ先ンシ天地神明ニ誓ヒ大ニ斯國是ヲ定メ萬民保全ノ道ヲ立ントス衆亦此旨趣ニ基キ協心努力セヨ

五箇条御誓文（有栖川宮《ありすがわのみや》幟仁《たかひと》親王筆、宮内庁書陵部所蔵）

五《ご》箇《か》条《じょう》の御《ご》誓文《せいもん》

一、広《ひろ》ク会議《かいぎ》ヲ興《おこ》シ、万機公論《ばんきこうろん》ニ決《けっ》スベシ。

一、上下《しょうか》心《こころ》ヲ一《いつ》ニシテ、盛《さかん》ニ経綸《けいりん》ヲ行《おこな》フベシ。

一、官武一途《かんぶいっと》庶民《しょみん》ニ至《いた》ル迄《まで》、各其志《おのおのそのこころざし》ヲ遂《と》ゲ、人心《じんしん》ヲシテ倦《うま》ザラシメン事《こと》ヲ要《よう》ス。

一、旧来《きゅうらい》ノ陋習《ろうしゅう》ヲ破《やぶ》リ、天地《てんち》ノ公道《こうどう》ニ基《もとづ》クベシ。

一、智識《ちしき》ヲ世界《せかい》ニ求《もと》メ、大《おおい》ニ皇基《こうき》ヲ振起《しんき》スベシ。

我国未曾有《わがくにみぞう》ノ変革《へんかく》ヲ為《なさ》ントシ、朕《ちん》、躬《み》ヲ以《もっ》テ衆《しゅう》ニ先《さきん》ジ、天地神明《てんちしんめい》ニ誓《ちか》ヒ、大《おおい》ニ斯《この》国是《こくぜ》ヲ定《さだ》メ、万民保全《ばんみんほぜん》ノ道《みち》ヲ立《たて》ントス。衆《しゅう》、亦此旨趣《またこのししゅ》ニ基《もとづ》キ協心努力《きょうしんどりょく》セヨ。

目次

はじめに

『五箇条の御誓文』をご存じですか。歴史の授業で学んで、「一八六八年」「明治維新」「王政復古の大号令」「戊辰戦争」などとあわせて記憶している人も多いと思います。しかし、その内容や意義、形式はどうでしょう。見慣れない漢字とカタカナ混じりの文章なので、内容を理解するのが難しいかもしれません。また、読もうという意欲がわかない人も多いのではないでしょうか。

その内容を簡単にまとめると、「全国民が公のことを考えて議論し、新しい考え方も取り入れて、日本をより良くしていこう」ということです。『五箇条の御誓文』は、「公」の重要性を根幹とする行動指針を示しており、明治の初めだけでなく、現代においても必要な考え方を表しています。また、日本人の国家観を理解できる文書でもあります。

『五箇条の御誓文』は、日本の近代憲法である「大日本帝国憲法」制定以前の国家の基本原理というべき文書で、江戸時代が終わって新しい日本をつくっていこうとした慶応四年（＝明治元年・一八六八）に出されました。

欧米では、イギリスの「マグナ・カルタ」（一二一五）や「権利章典」（一六八九）、アメリカの「独立宣

五箇条御誓文奉読（乾 南陽、聖徳記念絵画館所蔵）

言」（一七七六）、フランスの「人権宣言」（一七八九）などが近代国家の基本原理とされています。けれども、この『五箇条の御誓文』は、それ以上に重要な内容を含んでいます。

「マグナ・カルタ」は、国王も「法の支配」をうけることを貴族が認めさせた文書で、イギリスの自由主義の出発点といわれています。「権利章典」は、国民の権利と自由とを宣言し、「国王は君臨すれども統治せず」とする立憲君主制を明確にしました（名誉革命）。アメリカの「独立宣言」は、イギリスに統治されていた東部十三州の独立宣言で、自然権や革命権を内容としています。フランスの「人権宣言」は、フランス革命直後に出されたもので、基本的人権の尊重・国民主権・所有権を宣言しています。どれも近代国家を形成する際の重要な文書であることがわかります。

しかし、欧米の国家の基本原理と『五箇条の御誓文』との間には大きな違いがあります。欧米の国家の基本原理は階級間もしくは国家間の一種の社会契約ですが、『五箇条の御誓文』は、その名のとおり天皇が臣下を率いて天地神明に誓われたものです。つまり、『五箇条の御誓文』は、欧米の宣言と異なり、「私」（個人）よりも「公」（公共）を重視した考え方に基づいているのです。

『五箇条の御誓文』で最も重要な考え方は、冒頭に示されている「万機公論に決すべし」です。その意味するところは、「自分勝手な考えや行動をしないで、みんなのことを考えて議論し行動する」ということです（「私見《しけん》を去る」「公議《こうぎ》輿論《よろん》」）。このことを忘れてしまうと、正しい政治が行われず、あってはならない事件や事故が起きてしまいます。

最近のニュースを思い出してください。毎日のように犯罪、事故、不正が起きています。世界に目を向けると、テロや戦争に関するニュースが報道されない日はないくらいです。これらの一因は、「自分が得をするから」、「自分だけよければ」という利己的な行動にあります。また、過去や将来のことを考えないで、「今さえ何とかなれば」という刹那的な考え方も原因の一つといえます。しかし、みんなのことや将来のことを考えて行動すれば、そのようなことは起こらないのではないでしょうか。

では、『五箇条の御誓文』を現代ではどう読むことができるのかを説明していきましょう。

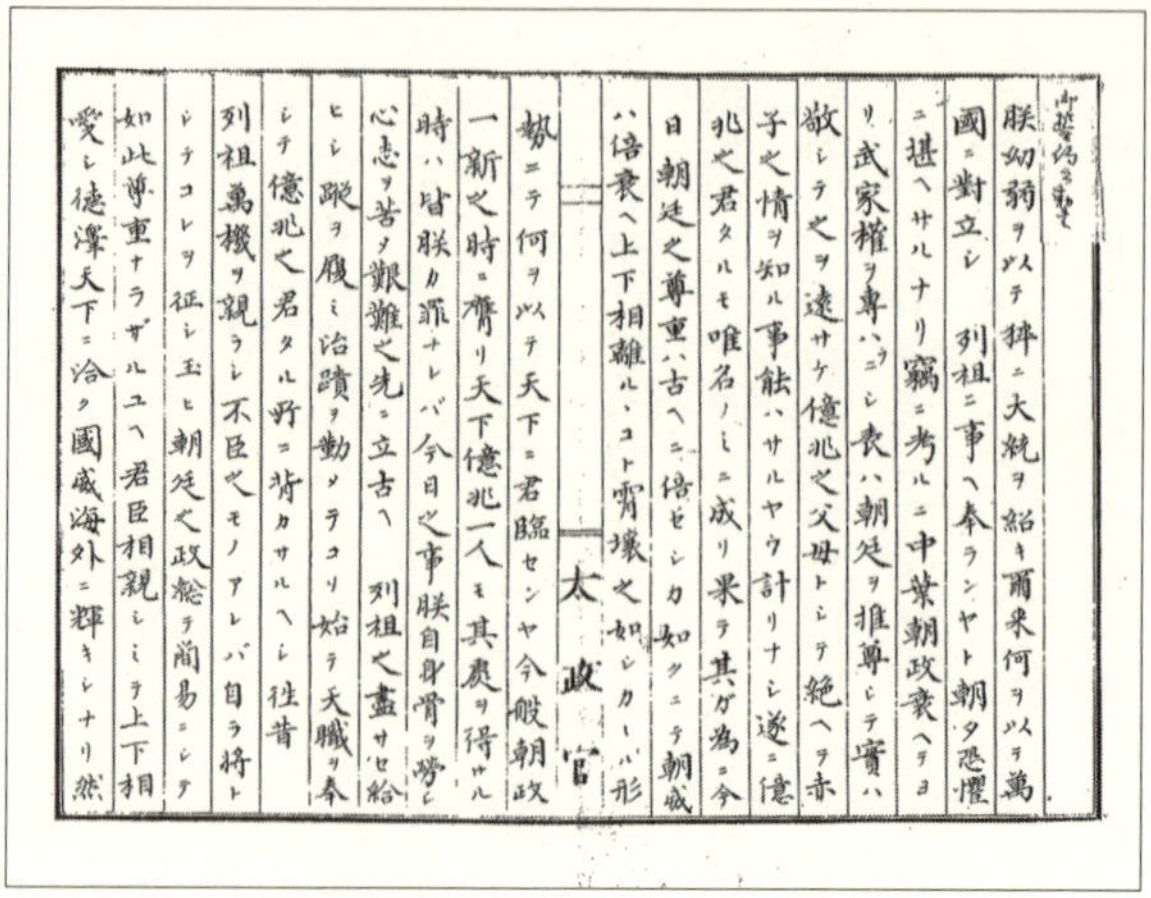
御宸翰之寫
朕幼弱ヲ以テ猝ニ大統ヲ紹キ爾来何ヲ以テ萬
國ニ對立シ　列祖ニ事ヘ奉ランヤト朝夕恐懼
ニ堪ヘサルナリ竊ニ考ルニ中葉朝政衰ヘテヨ
リ武家權ヲ專ラニシ表ハ朝廷ヲ推尊シテ實ハ
敬シテ之ヲ遠サケ億兆之父母トシテ絶ヘテ赤
子之情ヲ知ル事能ハサルヤウ計リナシ遂ニ億
兆之君タルモ唯名ノミニ成リ果テ其ガ為ニ今
日朝廷之尊重ハ古ヘニ倍セシカ如クニテ朝威
ハ倍衰ヘ上下相離ルヽコト霄壤之如シカヽル形
太政官
勢ニテ何ヲ以テ天下ニ君臨センヤ今般朝政
一新之時ニ膺リ天下億兆一人モ其處ヲ得サル
時ハ皆朕カ罪ナレハ今日之事朕自身骨ヲ勞シ
心志ヲ苦メ艱難之先ニ立古ヘ　列祖之盡サセ給
ヒシ蹤ヲ履ミ治蹟ヲ勤メテコソ始テ天職ヲ奉
シテ億兆之君タル所ニ背カサルヘシ往昔
列祖萬機ヲ親ラシ不臣之モノアレハ自ラ將ト
シテコレヲ征シ玉ヒ朝廷之政總テ簡易ニシテ
如此尊重ナラサルユヘ君臣相親シミテ上下相
愛シ徳澤天下ニ洽ク國威海外ニ耀キシナリ然

国威宣布の宸翰（国立公文書館所蔵）

一、五箇条を丹念に読む

『五箇条の御誓文』は、（１）公議、（２）一致協力、（３）リーダーシップ、（４）革新、（５）進取《しんしゅ》と理解することができます。まず、現代において『五箇条の御誓文』をどう読むことができるかを説明しますが、明治期における意味も解説しながら読み進めていきます。

また、『五箇条の御誓文』と同じ日に「国威宣布《こくいせんぷ》の宸《しん》翰《かん》」（資料ａ）が出されました。『五箇条の御誓文』は政治に関係する人たちに向けた文書で、「国威宣布の宸翰」は国民一般に向けた文書ということができます。そこで、『五箇条の御誓文』の理解を深めるために、「国威宣布の宸翰」の内容もふまえて読んでいきましょう。

（1）公議

広く会議を興し、万機公論に決すべし。

みんなで議論して、何事も公正な結論を出そう。

江戸時代においては、国家の方針は徳川幕府で独断されていました。その方法が良くないとして、武士・公家・庶民の垣根を超えて「広く会議」をすることにしました。これは、従来の慣例や身分秩序に関係なく、人々に発言の機会と権利とを与えることです。そうすれば、朝廷や各藩の武士、庶民の意見を取り入れて国を動かすことができます。その会議で、すべてのこと（万機）を「公論」により決定すべきことを明確にしたのです。

「公論」とは、人々が正当であるとする議論や世間一般に行われている意見、または公平な議論、正論のことです。幕末、徳川の政治のやり方ではうまくいかなくなったのですが、その原因として、徳川が自分たちのこと（私）だけを考えて政治をしていたという批判がありました。そこで、国家・国民のこと（公）を考えた政治が求められたのです。

つまり、自分勝手な考え方をせずに、みんなのためを思い、人のために尽くす心が重要なのです。「国威宣布の宸翰」にも、「私見を去り公義を採」るとあり、私利私欲を抑え（無私）、みんなのことを考えて議論し行動すべきこと（公議）が示されました。

現在においては、自分や特定の人の利益になることばかりを優先させ、国家・社会のことを考えない人が少なくありません。個人や企業による犯罪、閣僚・官僚の不祥事、戦争やテロなどは、社会全体に与える影響を考えれば、してはならないことだというのは簡単にわかることですし、できるはずもないことです。自分のしたいことを少し我慢して、他人を思いやる心を養い、公正な判断をすることができれば、より良い社会、より良い国家をつくることになるのです。

『五箇条の御誓文』の残る四か条は、より良い国家・社会にするための具体的な方法を示していますが、第一条の「公議」「無私」は、『五箇条の御誓文』の根底に流れる大切な考え方なのです。

（2）一致協力

上下心を一にして、盛に経綸を行ふべし。

社会的地位に関係なく、みんなの心を一つにして良い社会をつくろう。

江戸時代は身分制社会で、武士が政治の実権を握っていました。また、同じ武士階級の中にも、身分の高低がありました。「上下《しょうか》」とは、身分の上下のことです。「経綸《けいりん》」とは、国家統治とほぼ同じ意味に考えてよいでしょう。徳川幕府から新しい政府に変わった明治初年においては、朝廷・公家、武士だけでなく、庶民も国家・社会のことを考えなければならないと読むことができます。

現在においては、政治に直接たずさわる閣僚・議員・官僚は、どうすれば良い国家になるのか、どうすれば国民が安心して暮らせる日本になるのかを考えなければなりません。ところが、現実は、今の政治に満足している国民が多いとは思えません。世の中の動きを知らない人や無関心の人、政治不信に陥っている人が多くいます。選挙の投票率や世論調査などをみても、そのことは明らかです。しかし、それでは、国民が一致協力して、より良い国家や社会をつくっていくことはできません。

われわれ一般国民が直接政治に参加することは、簡単なことではありません。そこでまず、世の中のどこに問題があるのか、どうすれば良くできるのかを常に意識して、「公」のことを考えて行動できる人（議員・知事・市町村長など）を見極める目を養わなければなりません。つまり、選挙に行ったり様々な意見を表明したりすることが、国民・住民として重要なことなのです。

毎日の生活においても、今起きている問題に興味を持ち、「自分に何ができるのか」を考えてみましょう。省資源・温暖化などの地球環境問題や教育・医療・福祉の問題を意識するなど、社会のためになる行動を心がけるだけでも、一致協力してより良い国家・社会を築くことになるのです。

（3）リーダーシップ

官武一途庶民に至る迄、各々その志を遂げ、人心をして倦まざらしめんことを要す。

すべての指導者は、各々の志が実現できるように、リーダーシップを発揮しよう。

『五箇条の御誓文』の前二か条では、「公」のことを考え一致協力して近代国家を構築することを目標としました。しかし、明治維新を実行した人々だけで目標を達成することはできません。「官武一途庶民に至る迄」の「官武」は、公家と武家あるいは文官と武官を意味します。公家と武家とが一体となり、今まで国家統治に参加できなかった庶民も含めて、国民各々が志を立て、その志を達成できるよう努力し続けなければならないということです。

つまり、政治にたずさわる三職（総裁《そうさい》・議定《ぎじょう》・参与《さんよ》の政府要職）や諸侯だけでなく、国民全員が国を良くしようという志を持つべきことを明らかにしたのです。また、『五箇条の御誓文』は、天皇が公卿《くぎょう》や諸侯を率いて天地神明に誓われた文書です。そのことをふまえて「人心をして」以下を読むと、国民の先頭に立って国政に当たる者に対する言葉といえます。よって、そういう立場にある者は、国民を失望させず、その志を遂行できるように、リーダーシップを発揮すべきことを示しているのです。

「公」のことを考え、協力しあって、国家のことを議論し行動することが重要です。しかし、目標・目的（志）を持たなければ、あきらめずに理想を実現することは難しくなります。現在においても、安心して暮らせる国、国際社会から信頼される国になるためには、個人が、それぞれの立場でできること（志）を持つ必要があります。

政治家は、国民の利益や将来の日本、さらには国際社会のことを考えなければなりません。経営者は、経済的利益だけでなく、従業員とその家族の生活や社会貢献のことも考えなければならない時代になりました。また、大小さまざまな団体のリーダーも、国民ひとりひとりも同様です。それぞれの立場で、部下・後輩・家族の志（夢や希望）が実現できるように、明確な方針を示して、引っ張っていかなければならないのです。

（4）革新

旧来の陋習を破り、天地の公道に基くべし。

昔からある悪い習慣をやめ、公正な考え方を基にして進もう。

「旧来の陋習《ろうしゅう》」とは、昔からある悪い習慣という意味です。「王政復古の大号令」（資料b）に示された「神武創業の始」という一節を考えると、「旧来の陋習」は、私権に基づく幕府中心の政治、幕末の攘夷《じょうい》（外国人の排除）、世襲《せしゅう》の特権階級、言論の不自由などと読むことができます。また、「天地」は世界といいかえることができ、「公道」とは、公正な道、私心のないやり方、人間が従うべき正しい倫理的規範のことです。

ここでは、新しい日本をつくるための具体的な方策として、これまでの悪い習慣やしきたりをやめることを示しています。世界に通じる普遍的で、私心のない考え方に基づいて行動すべきことを掲げたのです。明治以前の日本は、特定の少数者により国家の方針が決定され、必ずしも多くの国民の意見が政治に反映されていませんでした。また、各藩に政治権力が分散していたので、国家全体としてのまとまりがなく、欧米列強と対等な外交をするには不十分な国家制度でした。このことも旧来の悪い仕組みだといえます。そこで、それを改めて、天皇を中心とした中央集権国家を構築しようとしたのです。

現在では、硬直化した行財政制度、バブル崩壊まで続いた右肩上がりの経済成長の終焉《しゅうえん》などにより、従来の国家・社会のシステムに歪みが生じています。近年起きている、国民年金問題や公共事業に関する収賄《しゅうわい》事件、「天下り」などは、昔からの悪い制度や習慣をやめなかったり、私的利益を優先させたりしたために起きた事件だといえます。そこで、今後は、私心を抑え、みんなのことを考えて、現在および将来に向けてふさわしくない習慣を改め、より良い国家・社会をつくっていかなければならないのです。

（5）進取

智識を世界に求め、大に皇基を振起すべし。

世界の良い所を積極的に取り入れ、大いに国力を高めよう。

江戸時代の日本は、清（中国）、オランダ、朝鮮と限定的に交易や交流を行ってきました（いわゆる鎖国）。しかし、強大な国力を見せる欧米各国に開国を迫られ、従来の鎖国政策を続けられなくなりました。欧米諸国と対等な関係を築くために、諸外国の制度や技術・文化を取り入れ、欧米型の近代的な国家制度を整えたのです。つまり、欧米列強に日本が近代国家であることを主張するために、欧米の技術・制

明治天皇（宮内庁所蔵）

度・思想など見習うべき所は積極的に取り入れて、新しい国をつくろうとしたのです。

「智識」とは、様々な物事について知ること、物事を判別する力、または人を善道に導き入れる働きをする者のことです。「皇基」とは、天皇が国家統治をするための基礎のことです。明治の国家基本方針は天皇を中心とする中央集権国家をつくることでしたので、その新しい国づくりのための基礎ということです。

現在の日本は成熟した社会になりましたが、国際社会における地位を考えると、信頼される国であるとは必ずしもいうことができません。そこで、様々な国や民族の文化・宗教・価値観を理解するよう努めると同時に、日本の国柄《くにがら》を諸外国に理解してもらう努力をしなければなりません。

地勢・気候・宗教・民族が異なれば、考え方や価値観は変わります。欧米のキリスト教を中心とした文化や制度が日本に浸透していますが、自らの主張を押し通すために、欧米から移入した自由・平等や民主主義の考え方を利用する人がいます。しかし、自由を得るための闘争があったことや権利を享受するには義務が伴うことを理解しなければなりません。また、欧米などキリスト教文化圏の考え方だけでなく、イスラムの文化や価値観、アジア諸国の現状や日本との関係などを十分理解する必要があります。他国の文化や価値観を知らないでいるから、恐怖を感じたり、無関心でいたりするのです。

自分の国を誇りに思い、自分の国を理解するとともに他国を理解し、異なった価値観を認めあうことが必要です。平和で豊かな世界にするためにどうすべきかを考えることが、国家の揺るぎない基礎を築くことにもなるのです。

(6) 万民保全

我国未曾有の変革を為んとし、朕、躬を以て衆に先んじ、天地神明に誓ひ、大に斯の国是を定め、万民保全の道を立んとす。衆、亦此の旨趣に基き協心努力せよ。

『五箇条の御誓文』は、「五箇条」に続けて示された右の二文も重要です。一文目から、その形式が、「天地神明に対する天皇の誓い」であることがわかります。「未曾有の変革」とは、幕藩体制から天皇中心の中央集権国家に変わることです。「朕《ちん》、躬《み》を以て衆に先んじ」とは、天皇が国民に先んじて改革を進められるということです。

この一文から、開国と近代化という重大な変革の時に、新しい国家の基本方針を国民に対して一方的に強制していないことがわかります。つまり、国民の保全を第一に考え、天皇が自ら率先して範を示すので、国民も協力・努力してほしいことを、「天地神明に誓」うという形で発布されたのです。

天皇は、武家政権の長とは違い、権力によって自らの地位を守る必要がないので、「常に国家・国民のことを考えられる存在」であるといえます。よって、後に述べるように、『五箇条の御誓文』には、普遍性があるといえるのです。

また、『五箇条の御誓文』をうけて、公卿・諸侯が奉答書に署名をしました。その数は、当日の参列者四一一名、後に追加で署名した者を含めると七六七名（公卿・諸侯は五四四名）にもなります。さらに国民に対しては、同じ日に出された「国威宣布《こくいせんぷ》の宸翰《しんかん》」により、「億兆安撫《おくちょうあんぶ》」と「国威宣布」との二語で、日本の内政・外交の基本方針が示されました。つまり、全国民（億兆）を安泰にし、近代日本の勢いを諸外国に知らしめることが宣言されたのです。「国威宣布の宸翰」については、後で説明します。

二、揺れ動く幕末維新の日本

（1）幕末期の対外関係

ここで、『五箇条の御誓文』が発されるまでの幕末維新期の歴史を簡単におさらいしておきましょう。明治新政府は、二六〇年以上続いた幕藩体制崩壊後の混乱した日本をまとめなければなりませんでした。そこで、明治維新を実際に進めた有力各藩や公卿《くぎょう》ではなく、天皇・皇室を国家統一のよりどころとし、天皇を中心とした中央集権国家をつくろうとしたのです。

幕藩体制とは、朝廷が任命した征夷大将軍（徳川）と諸大名（各藩主）との主従関係に基づく統治体制のことです。つまり、徳川幕府が大名の所領を認めて保障する代わりに、各大名がそれぞれの藩を統治するのです。これは、一種の地方分権型の統治機構ということができます。また、幕府はキリスト教の流入を防ぎつつ、外国との貿易を維持するために、長崎において清やオランダと限定的な交易を行いました。朝鮮とは、慶長十年（一六〇五）に和議が成立し、将軍の代替わりごとに通信使（慶賀使節）が来日しました（十二回）。

しかし、幕末期、内政・外交ともに混乱し、幕藩体制が揺るぎはじめました。十八世紀になると外国船が日本近海に現れるようになりました。寛政《かんせい》四年（一七九二）にロシアのラクスマン（一七六六—？）が根室に来航し、文化《ぶんか》元年（一八〇四）にはロシアのレザノフ（一七六四—一八〇七）が長崎に来航して、日本との通商を要求しました。文化五年にイギリスの軍艦が長崎に不法侵入した（フェートン号事件）後も、イギリス商船が来航しました。そこで文政《ぶんせい》八年（一八二五）、幕府は異国船打払令を出しました。天保《てんぽう》八年（一八三七）には、江戸湾に入ってきたアメリカの商船を砲撃し、退去させるという事件（モリソン号事件）が起きました。また、弘化《こうか》三年（一八四六）、アメリカのビッドル（一七八三—一八四八）が軍艦で浦賀（現在の神奈川県横須賀市）に来航し通商を要求したのです。

ついに、嘉永《かえい》六年（一八五三）、アメリカの東インド艦隊司令長官ペリー（一七九四—一八五八）が軍艦（黒船）を率いて浦賀沖にやってきました。ペリーの目的は開国を要求する大統領の国書《こくしょ》を渡すことでした。日本は、アヘン戦争で清がイギリスに負けたことを知っていました。しかも、強大な軍事力を見せ付けられては、開国せざるを得ませんでした。ペリーは、大統領の国書を提出し、いったん退去しました。翌年、再び来航して強硬に条約の締結を要求したのです。そこで同年、幕府は日米和親条約を結び、さらにイギリス・ロシア・オランダとも和親条約を結びました。ここに寛永《かんえい》十六年（一六三九）以来の限定的な対外関係が終わるのです。

また、安政五年（一八五八）には、孝明《こうめい》天皇（明治天皇の先代、一八三一—六六、在位一八四六—六六）の許可

（勅許《ちょっきょ》）を得ないで、大老の井伊直弼《いいなおすけ》（一八一五―六〇）が日米修好通商条約に調印し、オランダ・ロシア・イギリス・フランスとも同様の条約を結びました（安政の五か国条約）。しかし、当時、開国に関する国家の重大事には、勅許を受ける必要があるとする意見が一般的でした。つまり、国家を統治する力が弱くなってきた幕府に対して、朝廷の発言力が強くなってきたのです。

なお、日米和親条約の内容は、①永世不朽《えいせいふきゅう》の和親、②アメリカ船が必要とする燃料・食料などの供給、③難破船・乗組員の救助、④下田・箱館二港の開港、⑤領事駐在権の容認、⑥最恵国待遇《さいけいこくたいぐう》でした。日米修好通商条約の内容は、①下田・箱館のほかに、神奈川・長崎・新潟・兵庫の港の開港、②アメリカ人の居留許可、③江戸・大坂での商取引の許可、④領事裁判権の設定、⑤自由貿易の承認、⑥協定関税です。

さらに、文久三年（一八六三）、薩摩藩とイギリス艦隊との間に戦争が起こりました（薩英戦争）。前年の生麦事件に激怒したイギリスが賠償交渉のために艦隊を送り、鹿児島湾で薩摩藩と戦ったのです。生麦事件とは、生麦村（現在の横浜市鶴見区）で、薩摩藩主の父・島津久光が江戸から京都へ帰る途中、イギリス人男女四名が馬に乗って行列を横切ったため、警護の藩士が切りつけ、一人を殺害、二人を負傷させた事件です。幕府は賠償金を支払いましたが、薩摩藩は支払いませんでした。

（2）国内の混乱

国内の状況も、混乱を極めていました。天明《てんめい》の大飢饉《だいききん》（天明二年・一七八二）や天保《てんぽう》の大飢饉（天保四年・

一八三三）により、国内の経済状況は悪化し、餓死する人が増えました。そのため、農民一揆や打ちこわしが各地で起きたのです。天保八年には、大坂町奉行所の与力だった大塩平八郎（一七九三—一八三七）が、貧民救済を求めて農民ら三百人とともに決起しました（大塩平八郎の乱）。

異国船打払令やモリソン号事件から、幕府が鎖国政策を強化したことがわかります。この鎖国強化政策を、渡辺崋山《わたなべかざん》（一七九三—一八四一）や高野長英《たかのちょうえい》（一八〇四—五〇）らの蘭学者は批判しました。そこで幕府は、天保十年に渡辺や高野らを幕府批判の罪で処罰したのです（蛮社《ばんしゃ》の獄《ごく》）。

また、その頃、第十三代将軍徳川家定《とくがわいえさだ》（一八二四—五八）の跡継ぎ問題がありました。安政の五か国条約を結んだ井伊は、自分の主張を通し、紀州藩主の徳川慶福《よしとみ》（家茂《いえもち》、一八四六—六六）を第十四代将軍としました。しかも、井伊は、条約締結に反対した皇族・公卿・諸大名らに弾圧を加えたのです。安政《あんせい》六年（一八五九）、水戸藩主の徳川斉昭《なりあき》（一八〇〇—六〇）や福井藩主の松平慶永《よしなが》（春嶽《しゅんがく》、一八二八—九〇）らは謹慎の刑罰（蟄居《ちっきょ》）に処され、橋本左内《はしもとさない》（一八三四—五九）や吉田松陰《よしだしょういん》（一八三〇—五九）らの志士は処刑されました（安政の大獄）。このような井伊の強引なやり方に強い反発が起こり、万延元年（一八六〇）、尊皇攘夷《そんのうじょうい》派の水戸や薩摩の志士は、江戸城に登城中の井伊を暗殺したのです（桜田門外の変）。

老中首座になった安藤信正《あんどうのぶまさ》（一八一九—一八七一）は、混乱した国内の政局を安定させるために、朝廷（公）と幕府（武）との融和が必要だと考えました。そこで、孝明天皇の妹・和宮《かずのみや》（一八四六—七七）を徳川家茂の婦人に迎え（公武合体論）、幕府と朝廷との関係を強くして、幕府の権威を立て直そうとしたのです。

しかし、公武合体をおし進めることにより、朝廷の権威が上昇してきました。しかも、安藤は、文久二年（一八六二）、江戸城の坂下門外で、政略結婚に反対する尊皇攘夷派の志士に襲われたのです（坂下門外の変）。なお、翌年、和宮と家茂との婚儀が江戸城で行われました。

また、文久二年、薩摩の島津久光が幕府改革を要求し、天皇の命令（勅命《ちょくめい》）による政治改革が実施されました（文久の改革）。そこで、徳川慶喜《よしのぶ》（一八三七―一九一三）が将軍後見職になり、蟄居を命じられていた松平慶永を政事総裁職とするなどの人事、参勤交代で江戸にいる期間の短縮や軍制改革などが行われました。天皇の命令によって従来の制度を大きく変える改革が実行されたことから、幕府の力が弱くなってきたことがわかります。

三条実美（国立国会図書館所蔵）

さらに、国内の政治・社会情勢は混乱を極めます。長州藩は、三条実美《さんじょうさねとみ》（一八三七―九一）ら公卿とともに朝廷に働きかけ、将軍上洛《じょうらく》（京都に入ること）と攘夷の決行とを幕府に要求しました。これに応じた家茂は、文久三年に上洛し、幕府は攘夷決行を五月十日に定めました（同日、下関事件）。これに対し、薩摩藩や会津藩などの公武合体派が、同年八月、朝廷を動かした三条ら七名の公卿と長州藩を主体とする急進的な尊皇攘

王政復古（島田墨仙、聖徳記念絵画館所蔵）

夷派とを京都から追放したのです（八月十八日の政変）。翌元治《げんじ》元年（一八六四）、八月十八日の政変で京都から追放された長州藩の急進派が、池田屋事件に憤激して京都にのぼり、薩摩・会津・桑名の藩兵と戦いました（禁門の変、長州藩の敗北）。そこで幕府は、長州征伐を行うことにしたのです。

（3）王政復古

幕府は、対外関係・経済政策・国内統治に十分な対策を立てることができませんでした。このような混乱をおさめるには、揺るぎない国家方針を立てなければなりません。慶応二年（一八六六）、土佐の坂本龍馬《さかもとりょうま》（一八三五―六七）の立会いにより、薩摩の西郷隆盛《さいごうたかもり》（一八二七―七七）と長州の木戸孝允《きどたかよし》（桂小五郎、一八三三―七七）との間で薩長同盟が結ばれました。これは、幕府が長州を再び征伐することがあれば、薩摩は兵を上洛させること、長州が有利になった場合の朝廷との仲立ち、薩長両藩で皇位回復と倒幕（国家統一）に誠心尽力することなどの約束でした。しかも、その年の十二月に比較的幕府に好意的であった孝明天皇が崩御され、若い睦仁《むつひと》親王（明治天皇、一八五二―一九一二、在位一八六七―一九一二）が即位されました。

翌慶応三年十月、土佐・安芸《あき》の両藩が、朝廷への政権返上を徳川慶喜に建白（進言）したため、慶喜は朝廷に大政奉還を申し出ました。大政奉還とは、徳川が朝廷に委任された政権（大政）を朝廷に返すということです。『古事記伝』で有名な国学者の本居宣長《もとおりのりなが》（一七三〇―一八〇一）は、「天下の御政《みまつりごと》」は、天皇の「御任《みさよし》」により徳川将軍が行い、将軍はその「御政」を大名に分けていると論じました。つまり、日本の統治権は、天皇・将軍・大名の順で委任されているという説（大政委任論）です（天明七年・一七八七の『玉くしげ』）。また、水戸学者の藤田幽谷《ふじたゆうこく》（一七七四―一八二六）も同様の主張をしています（寛政三年・一七九一の『正名論』）。さらに、寛政の改革を行った老中の松平定信（一七五八―一八二九）は、天明八

大政奉還（邨田丹陵、聖徳記念絵画館所蔵）

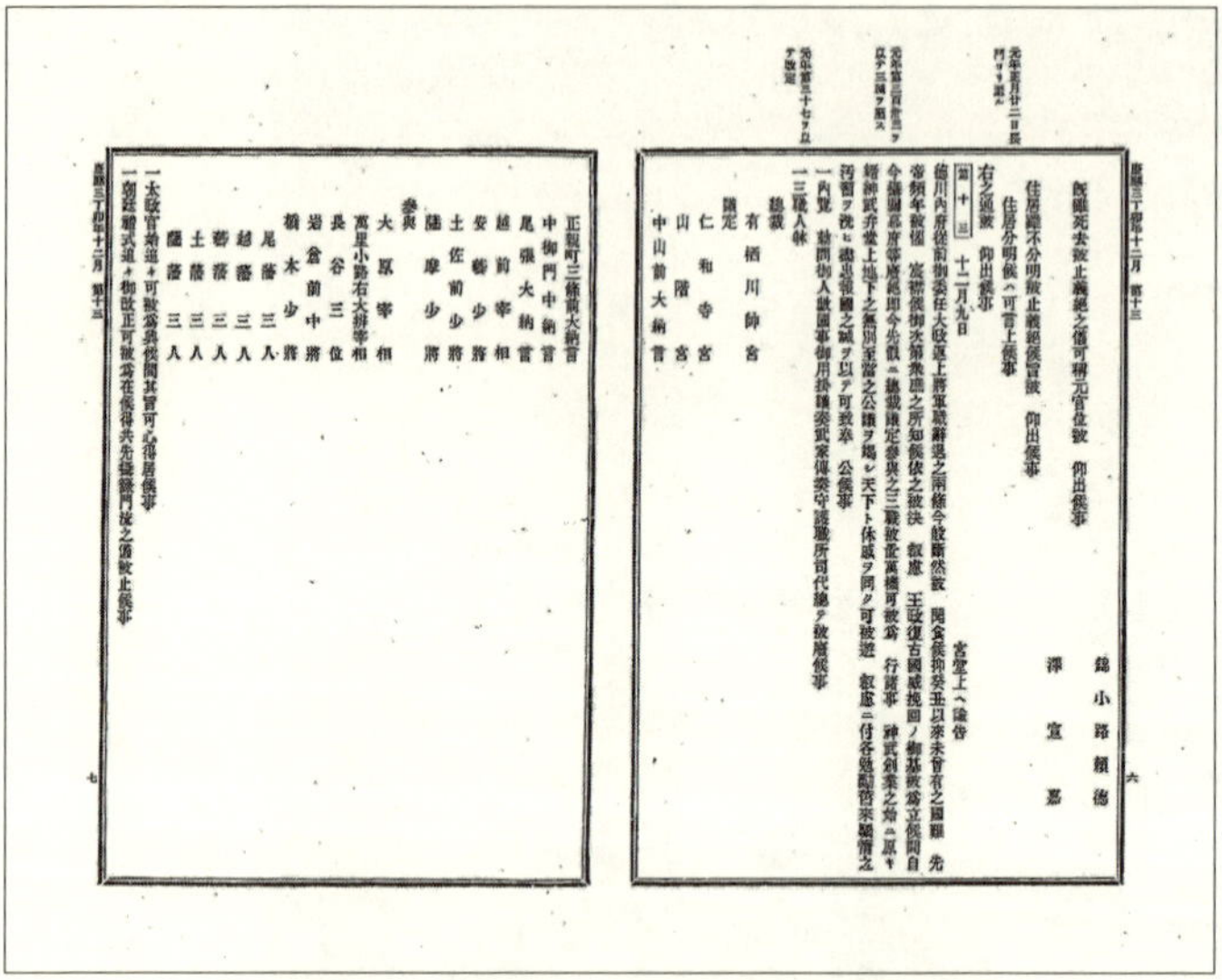

慶應三丁卯年十二月 第十三

既ニ死去致止義絶之儀可稱元官位被 仰出候事　錦小路頼徳

住居難不分明致止義絶候旨被 仰出候事　澤宣嘉

住居分明候ハ可言上候事

右之通被 仰出候事

第十三 十二月九日　宮堂上ヘ諭告

徳川内府從前御委任大政返上將軍職辭退之兩條今般斷然被 聞食候抑癸丑以來未曾有之國難 先帝頻年被惱 宸襟候御次第衆庶之所知候依之被決 叡慮 王政復古國威挽回ノ御基被爲立候間自今攝關幕府等廢絶即今先假ニ總裁議定參與之三職被置萬機可被爲 行諸事 神武創業之始ニ原キ縉紳武弁堂上地下之無別至當之公議ヲ竭シ天下ト休戚ヲ同ク可被遊 叡慮ニ付各勉勵舊來驕惰之汚習ヲ洗ヒ盡忠報國之誠ヲ以テ可致奉 公候事

一内覧 勅問御人數國事御用掛議奏武家傳奏守護職所司代總テ被廢候事

一三職人体

總裁

有栖川帥宮

議定

仁和寺宮

山階宮

中山前大納言

正親町三條前大納言

中御門中納言

尾張大納言

越前宰相

安藝少將

土佐前少將

薩摩少將

參與

大原宰相

萬里小路右大辨宰相

長谷三位

岩倉前中將

橋本少將

尾藩 三人

越藩 三人

藝藩 三人

土藩 三人

薩藩 三人

一太政官始追々可被爲興候間其旨可心得居候事

一朝廷禮式追々御改正可被爲在候得共先攝籙門流之儀被止候事

王政復古の大号令（『法令全書』内閣官報局）

年（一七八八）、「将軍家御心得十五条」で、国土・国民は天皇から将軍に預けられたのであり、日本を統治することが将軍の「職分」だから、その職分を果たすことが天皇への勤めだとして徳川家斉（一七七三―一八四一）を諭しました。

慶喜は、名目上、政権を返上して天皇のもとに諸大名が集まる諸侯会議を開き、徳川による実質的支配を考えていました。朝廷も、諸侯会議があるまでは、政務を慶喜に委任し、将軍職もそのままとしました。しかし、薩摩の西郷隆盛・大久保《おおくぼ》利通《としみち》（一八三〇―七八）、長州の木戸孝允や公卿の岩倉具視《いわくらともみ》（一八二五―八三）らが、慶喜の追放と領地の没収とを朝廷に働きかけたのです。そこで、朝廷は、大政奉還と同じ慶応三年十二月九日、「王政復古の大号令」を出して、徳川慶喜から官職と領地とを返上させ、新たに天皇中心の政府を組織することを宣言しました。ここに江戸幕府は終焉を迎えるのです。

「王政復古の大号令」（資料b）には、①幕府制度・摂関制度を廃止し、中央政府に有栖川宮熾仁親王《ありすがわのみやたるひと》（一八三五—九五）を総裁として、三職（総裁・議定・参与）を置くこと、②欧米と対等な関係を築く（国威挽回《こくいばんかい》）基礎を立てるために、「神武創業の始」に基づくこと、③身分に関係なく「至当の公議」を尽くし、「天下と休戚《きゅうせき》（喜びと悲しみ）を同じ」にすること、④各々が一所懸命に努力すること、⑤驕《おご》りたかぶり怠けるような昔からの悪い習慣を一新すること、⑥国のために誠実に尽くすこと、などが明らかにされました。これらは、すでに見てきた『五箇条の御誓文』に通じる考え方です。

「王政復古の大号令」に掲げられたとおり、「神武創業の始」に戻って天皇中心の国家を構築することが明らかにされたので、新政府の基本方針を日本国内にも諸外国にも示す必要がありました。徳川時代は、各藩に行財政や軍事に関する権力が分散していました。しかし、新政府は、それらの権力を天皇のもとに統一させる中央集権国家をつくろうとしたのです。しかも、当時は、慶応四年（＝明治元年・一八六八）一月の鳥羽・伏見の戦いから翌年の五稜郭《ごりょうかく》の戦いまで長期間の内紛（戊辰戦争）が続くという国家危急の時でした。そこで、国内の意思を統一させ、開国を迫り不平等条約を強制した欧米に対抗するためにも、天皇という強力な求心力が必要でした。そのような状況下で、慶応四年に、『五箇条の御誓文』が発されたのです。

なお、同年閏四月二十一日に、「政体書」（「政体」）が発されました。「政体書」は“constitution”の訳語で、統治機構（立法・行法・司法）を日本で初めて定めた近代国家の基本法だといえます。これは、『五箇条の御誓文』の起草に関わった福岡孝弟《ふくおかたかちか》（一八三五―一九一九）や後に「民選議員設立の建白書」を提出する副島種臣《そえじまたねおみ》（一八二八―一九〇五）により起草されました。この「政体書」の冒頭に『五箇条の御誓文』が掲げられています。また、その後、版籍奉還・廃藩置県・徴兵令などの中央集権化政策が実施され、やがて「大日本帝国憲法」をはじめとする法制度が整備されることになります。つまり、『五箇条の御誓文』は近代日本における国家の根幹・基本方針を示したものなのです。

三、『五箇条の御誓文』ができるまで

ここでは、『五箇条の御誓文』の起草過程を説明します。末尾にある草案対照表（資料ｄ）を参考に読み進めてください（アルファベットは対照表に対応）。

（1）横井小楠の思想

慶応四年（一八六八）三月十四日に発布されたＡ『五箇条の御誓文』は、由利公正《ゆりきみまさ》（福井藩政治顧問、一八二九―一九〇九）のＤ「議事之体大意《ぎじのていたいい》」、それを修正した福岡孝弟（土佐藩士）のＣ「会盟《かいめい》」が土台になっています。それを木戸孝允（長州藩士）がＢ「誓」に修正し、さらに岩倉具視（公卿）や三条実美（公卿）も加わって、最終案がつくられました（三月十三日）。

「王政復古の大号令」が発された同じ慶応三年（一八六七）十二月、新政府の三職による初めての会議が、京都御所で開かれました（小御所会議）。しかし、王政復古で国内が統一されたわけではなく、新政府内にも対立がありました。土佐・福井を中心とする公議政体派と岩倉や薩摩・長州を中心とする倒幕派との対立です。結局、倒幕派が公議政体派を退け、徳川慶喜に対する官位と領地との返上が決定されまし

由利公正（国立国会図書館所蔵）

た。この決定に対し、翌慶応四年一月三日、大坂にいた幕兵は、京都の鳥羽・伏見で薩長の兵と戦いをはじめました（鳥羽・伏見の戦い）。朝廷は、一月四日に旧幕軍追討、七日に慶喜追討を命じました。そこで、幕府軍に対する親征（東征）の意向が明確にされたため、列藩同盟を結成して（無私の盟約）軍事的基盤をつくる必要が出てきました。

鳥羽・伏見の戦いに敗れた徳川は江戸に戻りましたが、国内は混乱状態にあり、新政府は京都にいる諸藩をまとめる必要がありました。そこで、福岡が列侯会議（朝廷・諸大名による会議）を開くべきだとする建議を出しました。これを契機に三条と岩倉とは、福岡の建議を参与（政府の要職）に協議させました。そこで、由利がD「議事之体大意」を起草したのです。Dの基礎になったのが、横井《よこい》小楠《しょうなん》（一八〇九—六九）の「国是《こくぜ》七条」（資料c）です。

D「議事之体大意」は、福井藩政治顧問の横井の考え方（公議政体論）の影響を受けています。横井は、徳川幕府の政治は私的な権力に基づくものだから、「天下之正理」（世の中の正しい考え方）に従った政治が必要であると考えていました。横井の考え方は、「無私」と「誠実」との二語に表すことができます。

文久二年（一八六二）に横井が起草した「国是七条」には、「外様・譜代に限らず賢を選んで政官と為せ」として、身分に関係なく能力のある者が官職に取り立てられるべきことが示されました。また、「大いに言路を開き、天下と公共之政を為せ」としており、地位が上の者に対しても意見を述べられるようにすべきことも掲げられています。これらの条項は、幕末期に主張された「人材登庸《とうよう》」や「言路洞《げんろどう》開《かい》」（公議輿論《こうぎよろん》）を明らかにしたものです。この横井の思想は、坂本龍馬のE「船中八策」やD由利案・C福岡案にも取り入れられます。なお、「人材登庸」とは有能な人物を官職などに取り立てることで、「言路洞開」とは君主・上役などに対して意見を述べる方法や手段を開くことです。

横井小楠（国立国会図書館所蔵）

（2）坂本龍馬「船中八策」

『五箇条の御誓文』の草案を起草した由利公正は横井小楠と同じ福井藩士で、福岡孝弟は坂本龍馬と同じ土佐藩士です。慶応三年（一八六七）四月に紀州藩の明光丸と、海援隊がチャーターした英国蒸気船いろは丸との衝突海難事故が起きました。同年六月、事件を解決した坂本は、長崎から兵庫へ向かう船中で、幕府に政権を返上させて、天皇を中心とした統一国家をつくるために必要な八項目を「船中八策」として同藩士の後藤象二郎《ごとうしょうじろう》（一八三八―九七）に示したのです。

「船中八策」の第一条には、政権を「朝廷に奉還」して、朝廷が「政令」を出すべきことが掲げられました。冒頭に朝廷中心の国家構想を掲げ、それに続けて万機公論、人材登庸、公議により国際関係を築くことを主張しています。さらに、憲法制定、海軍の増強、天皇の親兵設置、不平等条約の改善を示しました。これは、後に明治政府が実行する政策と合致します。なお、「船中八策」の約四か月後に大政奉還が実現します。

（3）由利公正「議事之体大意」

まず、各草案の違いを見ておきましょう（資料d）。全体としてみると、A『五箇条の御誓文』とB「誓」、C「会盟」とD「議事之体大意」が似た構成になっています。E「船中八策」とC・Dとの違いは、身分や社会的地位に関係なく国家のことを考えるべきことや国民の気持ちをとらえて政治を行うべきことを示した条文（C②③・D①②）が追加されたことです。また、A・Bには、E③や横井小楠の「国是七条」にあった、「人材登庸」に関する規定がなくなりました。同様に、徴士《ちょうし》（政府選出の議事官）・貢士《こうし》（諸藩選出の議事官）の任期を定める規定（C⑤・D④）も削除されました。これらが削除されたのは、比較的細かい規定は官制に定めるべきだと考えたからだと思われます。

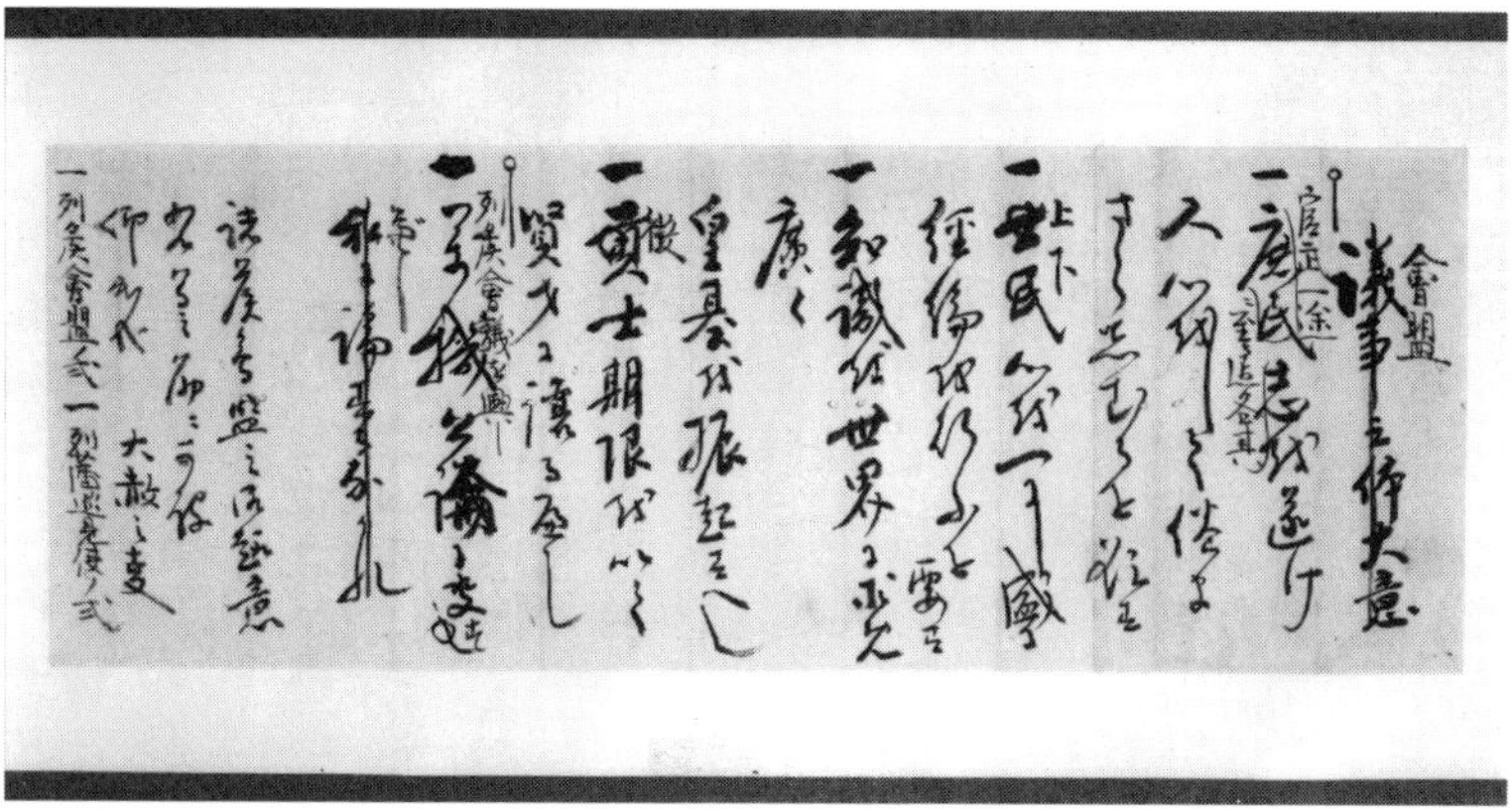

由利公正「議事之体大意」（福井県立図書館所蔵）

由利公正による原案Ｄ「議事之体大意」は、まず庶民が志を持つべきこと、武士と庶民とが一つになって国政を考えるべきこと、知識を世界に求めるべきことを掲げています。その後に「人材登庸」と「万機公論」（言路洞開）とが続きます。これは、福井藩政治顧問の横井の影響を色濃く受けています。横井の考えは、堯舜《ぎょうしゅん》（堯帝・舜帝のこと。古代中国の理想的君主）の「無私の統治の精神」にあり、「公」を重視していたことがわかります。由利のＤ「議事之体大意」の「万機公論」の条でも、「私に論ずるなかれ」と「無私」の重要性を明確にしています。また、「議事之体大意」は、坂本龍馬のＥ「船中八策」の影響も受けています。

この時代では、「私＝徳川」、「公＝朝廷」と読めますが、もっと広く一般的に「公」「私」と読むこともできます。横井は物事を「公」と「私」とに分け、国民を幸福にすることが「公」で、自分の利益だけを考えるのが「私」だというのです。Ｄ⑤「私に論ずるなかれ」は、Ｃ「会盟」以後削除されますが、「万機公論」はＡ『五箇条の御誓文』の第一条に受け継がれたのです。

（4）福岡・木戸の修正

由利公正のＤ「議事之体大意」に修正を加えた福岡孝弟の案は、題名をＣ「会盟」とし、冒頭に「列《れっ》侯会議《こうかいぎ》」を開くこと、「万機公論」に決すべきことを示し、諸侯会盟の方針を明確に打ち出しました。福岡の考えた「会盟式」は、「上の議事所」において天皇臨席のうえ、総裁が盟約書を奉読し、議定・諸侯・列侯が名印を記すという方法です。

Ｃ①の「列侯会議」やＤ②の「士民」が、Ａ①「広く会議」やＡ②「上下」というように、対象が広げられています。また、Ｃ②以後「官武一途」が付け加えられました。これらの変更は、身分制を前提にしたとの解釈もできますが、国政にたずさわる立場の者も「志を遂げる」対象とすることで、全国民が心を合わせて国のことを考えると読むこともできます。また、「一途」は「二つ以上のものが合一すること」を意味するので、太政官・公家（官）と武家（武）との協力が明らかにされたことにもなります。

ところが、天皇の臣下に対する盟約について、三条実美・岩倉具視・木戸孝允らは疑問を持ちました。三条は岩倉に、今まで日本や中国で「天子」（天皇や皇帝）が「臣下」と「盟約」をしたことがあるのか調べてほしいとの手紙を書きました。岩倉は、天皇が臣下とともに盟約されるのは不適当なので、臣下から誓いを立てるという形式が良いと考えました。

木戸孝允（国立国会図書館所蔵）

福岡孝弟（国立国会図書館所蔵）

さらに、木戸の草案では、会盟式は中国のやり方であることを理由に、Ｂ「誓」という題名に変更されました。「誓」は、天皇が公卿・諸侯をはじめ百官を率いて天地神明に誓われるという方式です。また、人材登庸については削除され、代わりに旧来の陋習《ろうしゅう》（悪い習慣）をやめるべきことが定められました。人事に関する詳細なことよりも、従来の幕藩体制の廃止や開国和親などの国家の根幹に関わることを明確にしたのです。なお、「旧来の陋習を破る」ことには、人材登庸も含むと解釈できます。

このような起草過程をみれば、「公議輿論」と「人材登庸」とを柱に、庶民も国家について議論すべきことや知識を世界に求めるべきことが、各草案で重視されたことがわかります。また、公卿や士族の主張や思惑だけでなく、対外関係や国内事情を考えても、明治天皇が大名・公家を率いて神に誓われ

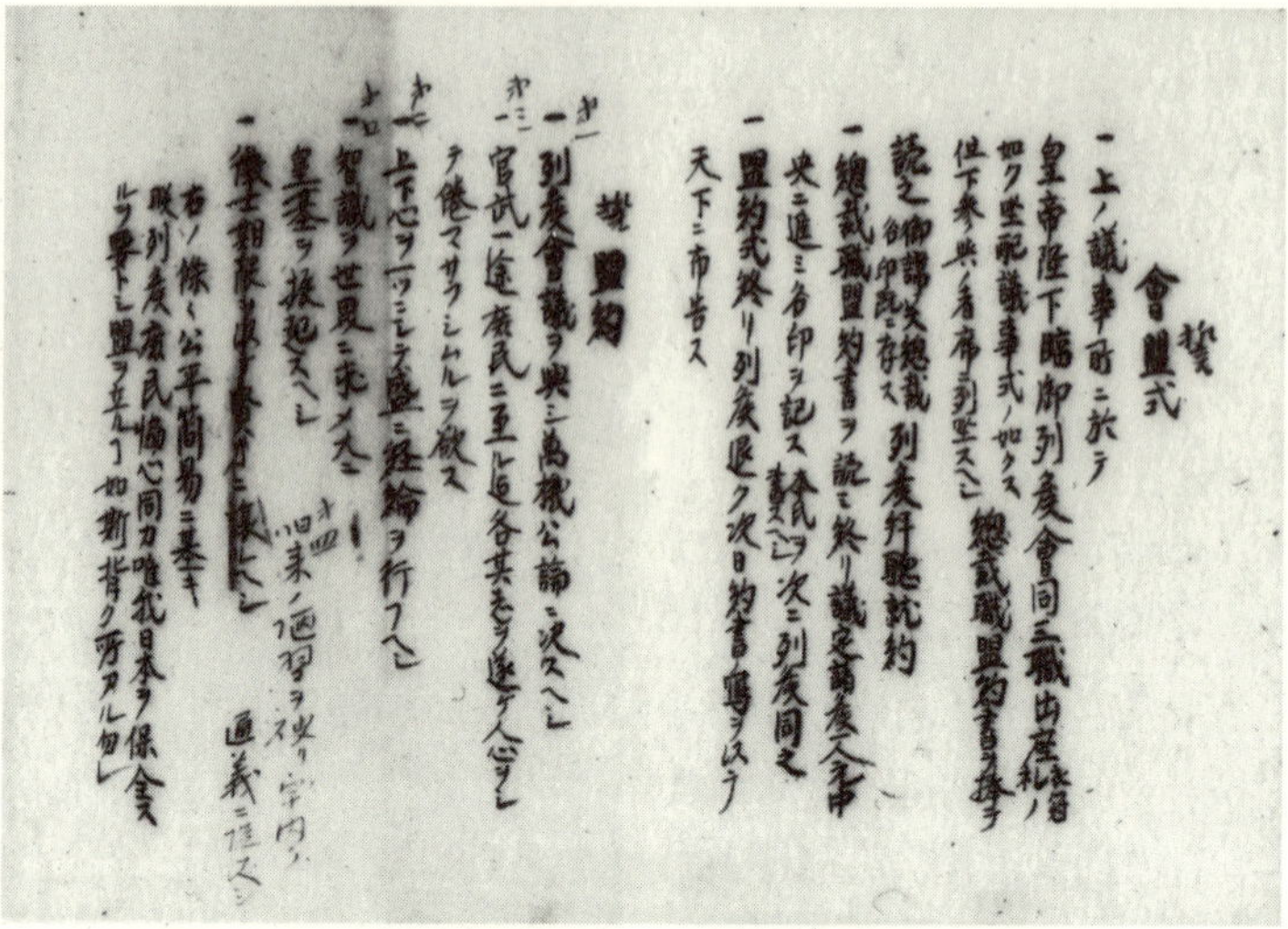

木戸孝允「誓」（宮内庁書陵部所蔵）

るとの方式は、天皇中心の新体制を内外に知らせるために、最善であったといえます。すでに、慶応四年（＝明治元年・一八六八）二月には、明治天皇が諸外国の公使と会見し、また三月には江戸城総攻撃の準備が整っており、名実ともに天皇が国家元首の地位にあったため、「会盟」の方式をとる必要も大名会議の必然性もなかったのです。

四、『五箇条の御誓文』ができてから

『五箇条の御誓文』は、「公議」「無私」という重要な考え方を明らかにしたものなので、普遍性があるといえます。明治初期の国家体制は、『五箇条の御誓文』の理念に則って構築され、やがて、「大日本帝国憲法」や「教育勅語」が発されることになります。また、明治期の自由民権運動や国会開設運動、大正デモクラシー、戦後復興の際に『五箇条の御誓文』を根本に据えた建議や議論がなされました。

（1）「国威宣布の宸翰」と「御誓文大意」

『五箇条の御誓文』が国民に理解され普及したのは、その内容を明治天皇が「国威宣布の宸翰」（資料a）として国民に示され、また三嶋大社（伊豆国一の宮）が「御誓文大意」を出版したことによります。

明治天皇は、『五箇条の御誓文』に掲げた国是の実践を天地神明に誓われました。「国威宣布の宸翰」では、全国民を安泰にし（「億兆安撫」）、近代日本の勢いを諸外国に知らしめること（「国威宣布」）を宣言されました。この「億兆安撫」は、「国威宣布の宸翰」の根幹であり、天皇が国家・国民のことを第一に考えられていることを表す重要な言葉なのです。

つまり、国民が志を遂げることができなければ天皇に責任がある(「朕が罪」)こと、天皇自らが、骨を折り心を苦しめて歴代天皇にならい、善い政治を行うことに励んでこそ国民の天皇(「億兆の君」)であることが示されています。また、天皇が国家・国民の将来を心配しないようなことがあれば、各国から侮られ、歴代天皇を辱め、国民を苦しめるといわれるのです。そのうえで、天皇の志を国民が理解し、「私見を去り公義を採」って天皇を補佐して日本を保全できれば、このうえない幸せであると結んでいます。

このように、「国威宣布の宸翰」は、明治天皇の国家・国民に対する基本的な考えを明らかにしたうえで、『五箇条の御誓文』の理念を国民にわかりやすく伝えています。

また、『五箇条の御誓文』を当時の一般国民に理解してもらうために、明治五年、「御誓文大意」が、政府の許可(官許)を得て出版されました。これは、三嶋大社の萩原正平宮司が著したもので、『五箇条の御誓文』の普及に貢献しました。

「御誓文大意」は、次のように、天皇と国家・国民との関係や『五箇条の御誓文』の重要性を説明しています。明治天皇は、「万民の先導」となること、「天下を大切」にし「万民保全の道」を立てること、「御誓文御宸翰等の御旨意にもとづいて」時勢にあう「憲法《おきて》」を定めることを明らかにされました。また、「万民保全の道」とは、「天下の万民」をよく保護して、安全にすることであるから、『五箇条の御誓文』の趣旨を理解すべきだと説明しています。つまり、国民や国家のことを第一に考えた内容であることを国民に伝えようとしたのです。この点をふまえて、今一度『五箇条の御誓文』を読んでみると、さらに理解が深まります。なお、萩原宮司は「御宸翰大意」も執筆しています。

（2）中央集権化

『五箇条の御誓文』が発布され、天皇を中心とした中央集権国家の体制が整えられていきました。明治二年（一八六九）、各藩主が土地（版図《はんと》）と人民（戸籍）とを朝廷に返上しました。大久保利通（薩摩）や木戸孝允（長州）らが建議をし、薩長土肥の四藩主が版籍奉還を願い出て、新政府は諸藩に版籍奉還を命じたのです。そこで、旧藩主を知藩事に任じ、各藩内の総石高の十分の一を与えて藩政にあたらせました。

しかし、版籍奉還後であっても従来の封建的な藩政のままで、一揆が起こるなど民衆の不満は高まりました。そこで明治四年、新政府は、全国を政府の直轄地とし、知藩事を罷免して、各府県に新たに府知事や県令を派遣したのです。これを廃藩置県といいます。府知事・県令とは、現在の都道府県知事のように地域住民に選挙で選ばれるのではなく、中央政府から派遣される役人のことです。この廃藩置県によって、武家時代の封建制度は廃止され、中央集権国家の体制が整えられたのです。

また、明治六年、前年の「徴兵令制定の詔《みことのり》」と太政官の徴兵告諭《こくゆ》とに基づいて徴兵令が布告され、満二十歳以上の男子を兵籍に編入し兵役に服させました（国民皆兵）。これは、大村益次郎《おおむらますじろう》（一八二四―六九）が発案した制度で、山県有朋《やまがたありとも》（一八三八―一九二二）が継承して実現させたのです。こうすることによって、各藩にあった兵力が中央政府に集められました。

（3）自由民権運動と「立憲政体樹立の詔」

明治政府は鎖国政策を堅持していた朝鮮に国交回復を申し入れましたが、朝鮮はこれを拒否しました。そこで、大久保利通や岩倉具視ら政府首脳がヨーロッパ視察（岩倉使節団）中の明治六年（一八七三）、西郷隆盛を朝鮮に派遣することが閣議決定されました。しかし、すぐさま帰国した大久保や岩倉は、国内を安定させることが最優先だと反対したため、西郷の派遣は中止されたのです。西郷はこれを機に参議を辞職し、征韓論に賛成していた板垣退助《いたがきたいすけ》（一八三七—一九一九）、後藤象二郎、江藤新平《えとうしんぺい》（一八三四—七四）、副島種臣の四参議も辞職しました。これを、征韓論政変といいます。

このように、征韓論政変をめぐり、大久保が強力なリーダーシップを発揮しました。そのために、『五箇条の御誓文』に掲げられた「公論」を無視しているとの印象を与えることになりました。翌七年一月、参議の職を辞した板垣退助らは、愛国公党を結成し、「民撰議院《みんせんぎいん》設立建白書」を左院（立法機関）に提出しました。この建白書で、政権が「帝室」や「人民」になく、「有司《ゆうし》」（藩閥官僚）にあるとして有司専制を批判しました。そこで、「天下の公議を張る」必要性を説き、「天下の公議」を実現させるためには、民撰議院を立てなければならないと主張したのです。

ようやく、明治八年四月、「立憲政体樹立の詔」（資料e）が発されました。「立憲政体樹立の詔」には、まず、明治天皇が『五箇条の御誓文』を天地神明に誓われ、国是を定めて「万民保全の道」を求められたことが示されました。そのうえで、段階的に立憲的な国家制度（立憲政体）を構築するために、「誓文の意を拡充し」て、立法機関である元老院や司法機関である大審院を設置し、「民情を通し公益を図」るための地方官を召集することが宣言されたのです。しかし、板垣ら民権派が要求する議会創設が確定するのは、明治十四年（一八八一）の「国会開設の勅諭《ちょくゆ》」まで待たなければなりません。

（4）国会開設の建白書と「勅諭」

「民撰議院設立建白書」の提出から明治十四年（一八八一）までの間に、議会開設や憲法制定を要求する自由民権運動が活発化します。その際、『五箇条の御誓文』を引用して、多くの主張がなされました。明治十三年四月、国会期成同盟《こっかいきせいどうめい》の河野広中《こうのひろなか》（一八四九―一九二三）らは、「国会を開設する允可《いんか》を上願《じょうがん》する書」で、『五箇条の御誓文』の各条を掲げ、それぞれに説明を加えて、それらを根拠に国会開設の必要性を主張しました。これを元老院および太政官に提出しようとしたのですが、受理されませんでした。

国会期成同盟だけでなく、明治十二年後半から翌年にかけて、国会開設の建白書が、全国各地から元老院に提出されました。それらの多くが『五箇条の御誓文』を引用しています。足尾鉱毒事件で有名な栃木県の田中正造《たなかしょうぞう》（一八四一―一九一三）も、明治十三年に栃木・群馬の民衆六八四名の総代として、「国会開設を建白するの添書」を提出しました。そこには、「国会を開くは詢《まこと》に陛下叡旨《えいし》の在る所」であり、その「叡旨の在る所」とは、「明治元年三月十四日の御誓文、是其一也」として、国会開設を要求しました。

これらの建白書に対して、明治十四年十月十二日、「国会開設の勅諭」（資料f）が出されました。ここで、明治天皇は、次のことを示されました。日本の統治に際し立憲政体を立てることを決意し、基礎を固めながら段階をおってその事業を進めたこと。国によってふさわしい制度は違うから、重要な統治機構を構築する国家事業を簡単に決めてはならないこと。このような国家の大事業を情勢に応じて判断し実行するのは天皇の責任であること。明治二十三年を目途に国会を開いて初志を貫徹すること。憲法案の作成を命じ公布すること。このように、明治天皇は、一方で急進的な国会開設運動をいましめながら、他方で立憲制を立て、国会を開くことを明らかにされたのです。

（5）「大日本帝国憲法」

「立憲政体樹立の詔」や「国会開設の勅諭」に基づいて、国家制度は着実に構築されていきました。「大日本帝国憲法」は、首相の伊藤博文《いとうひろぶみ》（一八四一―一九〇九）が中心となり、欧米の国家制度にならいながらも、日本の国柄にふさわしくなるように整えられ、明治二十二年（一八八九）二月十一日（紀元節・旧暦の一月一日）に発布されました。発布の「勅語」や「上諭」は、『五箇条の御誓文』や「国威宣布の宸翰」の理念に基づいて、天皇と国民との協和や日本の歴史・国柄の重要性を表しています。

「勅語」（資料g）には、まず、明治天皇が国の繁栄と国民の幸福とを喜びとし、祖先から受け継いだ統治権を発動して「大日本帝国憲法」を発布されたこと、歴代天皇が国民の祖先の協力に助けられて国づくりをしてこられたこと、この歴代天皇の威徳と臣民の忠実武勇・愛国心・公に捧げる心とによって歴史が築かれたことが示されています。そのうえで、国民が明治天皇の志を理解して、君民が心を合わせて協同すれば、よりいっそう日本の繁栄を国内外に知らせることができるとされました。

「上諭」（資料h）では、まず、明治天皇が歴代天皇の偉業を受け継いで万世一系の皇位を継承されたことが宣言されました。ついで、親愛なる国民が歴代天皇の慈しみ養ってきた国民の子孫であることを念頭において、国民の安全と幸福とを増進し、国民の素晴らしい特性や能力を発達させることを願い、国民の助けを得て国家の繁栄を望むことが掲げられています。そのうえで、統治権は歴代天皇から受け子孫に伝えること、統治権を帝国憲法に従って行使すること、国民の権利や財産の安全を保護すること、帝国議会を明治二十三年に招集すること、憲法改正の必要がある場合は明治天皇や皇位継承権者がその発議をすること、大臣には天皇の心に応えて憲法実施の責任があることが示されたのです。

「大日本帝国憲法」の第一章「天皇」第一条には、「大日本帝国ハ、万世一系ノ天皇、之ヲ統治ス」と定められています。非常に短い条文ですが、ここにも歴史を重んじ、天皇が国民のことを重んじられる『五箇条の御誓文』の理念が含まれています。「統治」とは、国家権力によって国民の安寧と幸福とを保全することです。国民を「支配」するという意味ではありません。その統治権は天皇に帰属するのですが、「万世一系」という言葉をふまえると、個人としての天皇が統治権を行使されるということにはなりません。天皇の意思は、個々の天皇の意思ではなく、過去・現在・未来を通じて融合する永世の意思で、歴代天皇の意思が後の天皇の意思にも通じるということです。

(6)「教育勅語」

「大日本帝国憲法」が発布された翌年の明治二十三年(一八九〇)には、「教育勅語」(資料 i)が発されました。明治天皇は、当時の教育状況が欧化に走りすぎていることを憂慮され、教育の根本を確立させる必要性から、勅語の起草を命じられたのです。「帝国憲法」や「皇室典範」の起草の中心人物であった井上毅《いのうえこわし》(一八四三―一八九五)が原案を作成し、侍講の元田永孚《もとだながざね》(一八一八―九一)や首相の山県有朋などが修正を加えて上奏案ができあがりました。明治天皇は、上奏案を元田に検討させたうえで裁可されました。これほどまでに、国民の教育改革に熱心に取り組まれたのです。

「教育勅語」には、まず、歴代天皇が「徳育」を重視されたこと、国民が至誠を尽くして歴代天皇に仕えてきたことが示されています。そのうえで、このような美しい風習を全国民が心をひとつにして全うしてきたことは、日本の素晴らしい国柄であり、そこに教育の基礎を求めなければならないことが明らかにされました。これに続けて、父母への孝、兄弟の友愛、夫婦の和、朋友の信などの具体的な徳目が挙げられています。

このように、「教育勅語」は、人間形成のために忘れてはならない内容です。ところが、戦後、連合国軍総司令部（GHQ）により否定されました。昭和二十年（一九四五）十月、GHQは、「軍国主義的及び極端なる国家主義的イデオロギーの普及を禁止すること」を日本政府に命じました。「教育勅語」はその極端な国家主義的政策の対象となり、昭和二十一年十月、「教育勅語」を日本の唯一の教育の淵源としないことなどが、文部省から都道府県に通達されました。さらに翌年には、衆参両院が国民教育の理念としての「教育勅語」の失効を確認し排除することを決議してしまったのです。

しかし、その内容は、前に掲げた徳目に続けて、謙遜、博愛、勉学や仕事に励むこと、知能啓発、徳を養うこと、公のために働くこと、法を守ること、正義と勇気をもって公のために尽くすことが挙げられています。つまり、利己的にならず、公のことを考えて行動するという『五箇条の御誓文』の理念を受け継いだ、生きていくうえで大切なことが示されているのです。

（7）「民本主義」

第一次世界大戦後、国際連盟成立（一九一九）による平和な時代の到来とともに、デモクラシー（民主主義）や国際協調の考えが高まりました。大正九年（一九二〇）五月二日には、メーデー（労働運動）が日本ではじめて行われました。また、小作争議（農民運動）が行われ、全国水平社（部落差別撤廃運動団体）が組織されるなど、民主主義思想に基づく社会運動が広がりをみせたのもこの頃です。

大正デモクラシーの中心的存在であった吉野《よしの》作造《さくぞう》（東京帝国大学教授、一八七八—一九三三）は、大正五年（一九一六）頃から、あえて民主主義ではなく、「民本主義」を唱えました。「民本主義」とは、主権の運用において民意を尊重し，民衆の福利を実現するという点を重視しています。これは、『五箇条の御誓文』の理念に基づいて明治期に進められた国づくりに合致します。

吉野作造は、「民本主義」を次のように説明します。民権思想が発達した国では、専制的な貴族政治が続くことはありません。指導者は、憲政の創設・確立に尽力すると共に、一般国民が憲政の運用に耐えられるよう教育に努めなければなりません。

「民本主義」に似た言葉がいくつかあります。しかし、「民主主義」は、「国家の主権は人民にある」とする「危険なる学説」と混同されやすいのです。また、「平民主義」は、平民と貴族とを対立関係におき、貴族を敵にして平民を味方にすると誤解されるおそれがあります。「民衆主義」は、「民衆を『重んずる』という意味」が表れない傾向があります。憲政の根底をなすものは、政治上一般民衆を重んじ、一般民衆に上下の別を立てず、君主制・共和制に関係なく通用する考え方です。よって、「民本主義」という用語が適当なのです。つまり、「民本主義」は、政権運用の目的が「一般民衆の為め」にあり、政権運用の最終決定を「一般民衆の意向に置く」べきことを表しているのです。

このように吉野が唱える民衆のための政治は、歴代天皇が努めてこられた「徳」に基づく政治と基本的に同じだということができます。神武天皇も建国の「令《のりごと》」で、人民に利益（「民に利」）が及ぶのであれば、統治者としての行動として間違いはないことを示されました。つまり、「民本主義」は、「王政復古の大号令」に掲げられた「神武創業の始」に戻って国づくりをすること、『五箇条の御誓文』や「国威宣布の宸翰」に示された国家・国民を重んじるという理念とも合致するのです。

吉野は、「民衆政治」が日本の国体に合う根拠として、『五箇条の御誓文』を引用しています。つまり、主権者は事実上一人の考えで政治をしないで、誰かに必ず相談します。「民衆政治」が日本の国柄に合わないのであれば、少数の専門家による「寡人政治《かじん》」も合わないことになります。両者の違いは、相談する誰かが、少数の者なのか多数の者なのかの違いだからです。日本とはそういう国ではなく、「陛下の御精神」も決してそういうものではありません。明治天皇も、『五箇条の御誓文』の中で「広く会議を興し、万機公論に決すべし」ということを明らかにされました。「民衆政治」が国体に合わないとするのは、「君主と人民とを敵味方にして」、「貴族」を「其中間に置いて、君主の民衆に対する防禦線《ぼうぎょせん》とした所の昔の謬《あやま》つた考の遺物」だと吉野は主張したのです。

(8)「新日本建設の詔書」

『五箇条の御誓文』は、民権派の主張の根拠としてだけでなく、大東亜戦争後の日本復興にも非常に重要な指針となりました。明治天皇を模範として、その志を受け継がれた昭和天皇は、昭和二十一年(一九四六)元旦に公布された「新日本建設の詔書《しょうしょ》」(資料·j)の冒頭に『五箇条の御誓文』を掲げておられます。つまり、明治天皇の示された近代国家の基本方針は、今日においてもこれ以上付け加えること

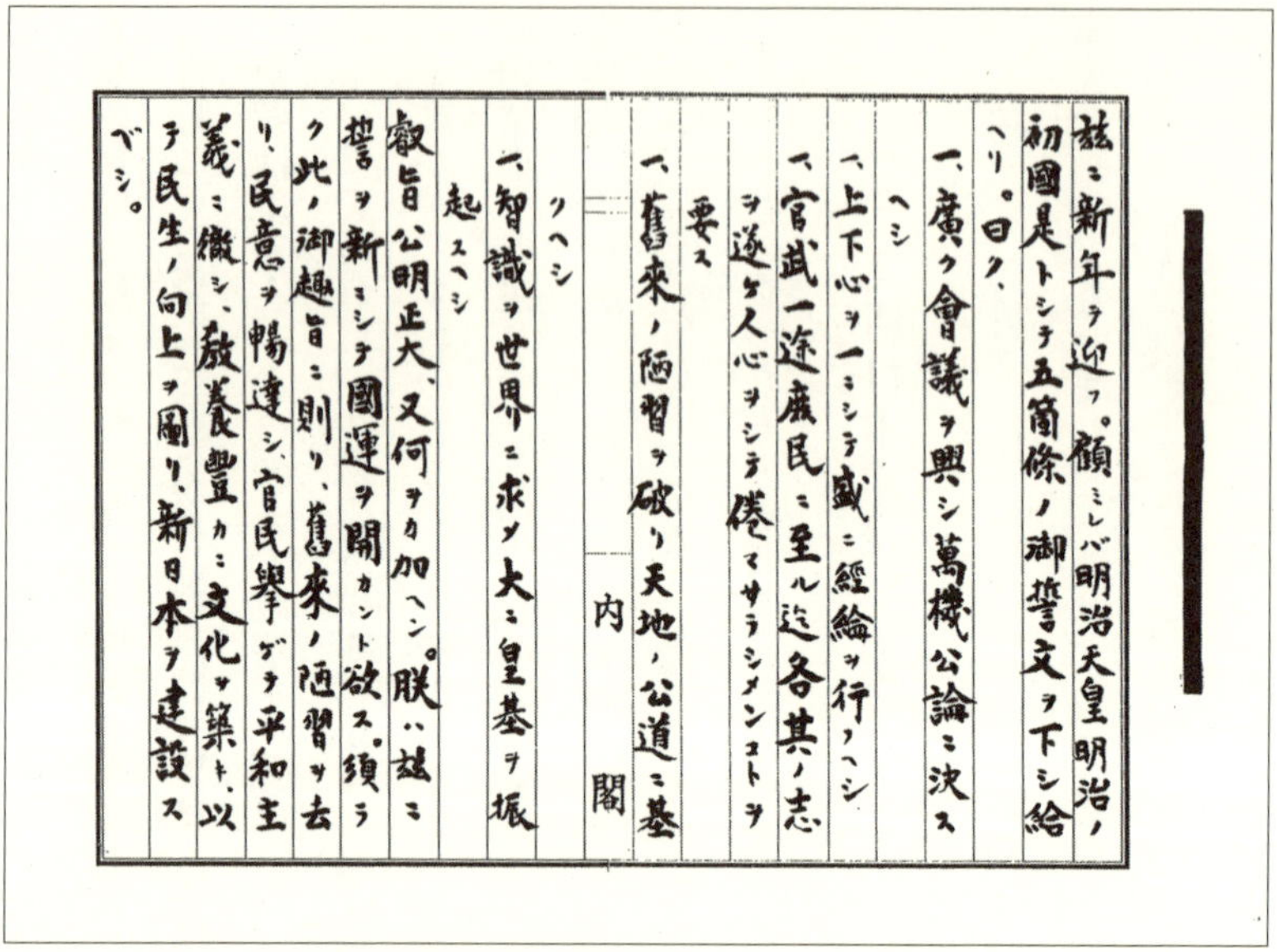

茲ニ新年ヲ迎フ。顧ミレバ明治天皇明治ノ初國是トシテ五箇條ノ御誓文ヲ下シ給ヘリ。曰ク、

一、廣ク會議ヲ興シ萬機公論ニ決スヘシ

一、上下心ヲ一ニシテ盛ニ經綸ヲ行フヘシ

一、官武一途庶民ニ至ル迄各其ノ志ヲ遂ケ人心ヲシテ倦マサラシメンコトヲ要ス

一、舊來ノ陋習ヲ破リ天地ノ公道ニ基クヘシ

一、智識ヲ世界ニ求メ大ニ皇基ヲ振起スヘシ

叡旨公明正大、又何ヲカ加ヘン。朕ハ茲ニ誓ヲ新ニシテ國運ヲ開カント欲ス。須ラク此ノ御趣旨ニ則リ、舊來ノ陋習ヲ去リ、民意ヲ暢達シ、官民擧ゲテ平和主義ニ徹シ、教養豊カニ文化ヲ築キ、以テ民生ノ向上ヲ圖リ、新日本ヲ建設スベシ。

内閣

新日本建設の詔書（国立公文書館所蔵）

がないから、『五箇条の御誓文』に基づいて、日本を復興すべきことを宣言されたのです。「新日本建設の詔書」には、占領当初からGHQが深く関与していました。昭和二十年十二月には、民間情報教育局顧問のハロルド・ヘンダーソン（一八八九―一九七四）と学習院の英語教師のレジナルド・ブライス（一八九八―一九六四）とが、天皇の「神格否定」に関する草案を書き上げました。

　詔書案を内奏された昭和天皇は、民主化や民主主義が日本に突然にわきあがったのではなく、その傾向は明治天皇が『五箇条の御誓文』に示されていて、決して付け焼刃でないことを詔書で明らかにすることを希望されました。後に昭和五十二年の記者会見でも、「新日本建設の詔書」の一番の目的は『五箇条の御誓文』にあり、諸外国に「日本が圧倒される心配があったので、民主主義を採用されたのは明治天皇」であって、「日本の民主主義は決して輸入のものではない」と答えられました。昭和天皇は、「日本の国民が誇りを忘れては非常に具合が悪いので、誇りを忘れさせない」ことに配慮されたのです。

昭和天皇が『五箇条の御誓文』を大切にされたのは、東宮御学問所で受けられた帝王学が影響しています。杉浦重剛《すぎうらじゅうごう》(一八五五―一九二四)が「倫理」を担当したのですが、その「倫理御進講草案」の冒頭に掲げられた御進講の基本方針三か条の二つ目に、「五箇条の御誓文を以て将来の標準と為し給ふべきこと」とあります。

天皇と国民との関係について、同詔書で、「朕《ちん》と爾等《なんじら》国民との間の紐帯《ちゅうたい》は、終始相互の信頼と敬愛とに依りて結ばれ」ていることが明らかにされました。しかも、「朕は朕の信頼する国民が朕と其の心を一にして、自ら奮ひ、自ら励まし、以て此の大業を成就せんことを庶幾《こいねが》ふ」と、天皇と国民とが一体になって、新日本建設を成功させることを願われました。

つまり、『五箇条の御誓文』に基づいて、戦後の日本を再建する根本方針を示されたのです。

(9)「日本国憲法」

「日本国憲法」は、昭和二十一年(一九四六)十一月三日(明治節=明治天皇の誕生日)に公布されました。「日本国憲法」も「新日本建設の詔書」と同様、GHQが原案を作成しました。しかし、GHQも明治以来の憲法を無視することができず、第一章を「天皇」としたのです。しかも「上諭」（資料k）により、「日本国憲法」が「大日本帝国憲法」の改正憲法であり、そのことを天皇が裁可・公布されたことを明らかにされました。

また、第一章に「天皇」に関する八か条が置かれました（資料1）。第一条に、天皇は「日本国の象徴および「日本国民統合の象徴」と定められました。「象徴天皇」は、統治権を総覧した天皇と比べて権能が大幅に縮減されたから、「単なる象徴にすぎない」と考えてしまいそうですが、すでに見てきたように、「統治」とは「国民の安寧と幸福とを保全すること」です。日本という国を代表する象徴であり、国民を統合する象徴なのです。しかも、第二条に「皇位は世襲」と明示されていますから、大和朝廷以来の皇統に属する皇族が天皇の地位を受け継いでいかれます。それは、歴代天皇の多くが心がけてこられた、常に国民の幸せと国家の安泰・平和とを祈られる伝統を受け継がれることでもあります。つまり、「象徴天皇」も、歴代天皇と変わることなく、重要な役割を果たされているのです。

むすび

近代日本をふり返ると、様々な危機や困難に直面したとき、『五箇条の御誓文』が重要な方針を示してきました。それは、『五箇条の御誓文』の根底に流れる考え方が、身勝手な「私」よりも、「みんなのためを思い、人のために尽くす心」つまり「公」を優先させることにあるからです。

また、その後に出された勅語、勅諭、詔書などをみてきましたが、どれも一貫して、国家・国民のことを第一に考える『五箇条の御誓文』や「国威宣布の宸翰」の理念が反映されていることがわかります。天皇が自ら率先して範を示され、多くの国民も努力を重ねて、現在の日本を築いてきたのです。

しかし、バブル崩壊後の経済回復が順調ではなく、また政治に対する信頼度も高いとはいえません。諸外国との外交関係も良好ではなく、未解決の問題が山積しています。このように、平成日本は、内憂外患の重なった幕末同様、維新期や戦後に劣らないほど、重大な危機に直面しているのです。

そこで、現代を担うわれわれは、世間で当然視されている利己的・刹那的な考え方ではなく、可能な限り過去の歴史をふまえ、未来を見据えながら、「公」のためにどうすべきかを具体的に考え、着実に行動することが必要なのです。その指針となるのが、この『五箇条の御誓文』にほかなりません。

資料

適宜、句読点・濁点を付し、旧字を新字に変更した。また、表現の統一などによる修正も加えた。

a．「国威宣布の宸翰」 明治元年三月十四日

朕《ちん》、幼弱《ようじゃく》を以《もっ》て、猝《にわか》に大統《たいとう》を紹《つ》ぎ、爾来何《じらいなに》を以《もっ》て万国《ばんこく》に対立《たいりつ》し、列祖《れっそ》に事《つか》へ奉《まつ》らむやと、朝夕恐懼《ちょうせききょうく》に堪《たえ》ざるなり。竊《ひそか》に考《かんがえ》るに、中葉朝政衰《ちゅうようちょうせいおとろえ》てより、武家《ぶけ》、権《けん》を専《もっぱ》らにし、表《おもて》は朝廷《ちょうてい》を推尊《すいそん》して、実《じつ》は敬《けい》して是《これ》を遠《とおざ》け、億兆《おくちょう》の父《ふ》母《ぼ》として絶《たえ》て赤子《せきし》の情《じょう》を知《し》ること能《あたわ》ざるやう計《はか》り成《な》し、遂《つい》に億兆《おくちょう》の君《きみ》たるも、唯名《ただな》のみに成《な》り果《はて》、其《それ》が為《ため》に今日《こんにち》朝廷《ちょうてい》の尊重《そんちょう》は古《いにし》へに倍《ばい》せしが如《ごと》くにて、朝威《ちょうい》は倍衰《ますますおとろ》へ上下相離《しょうかあいはな》るゝこと霄壌《しょうじょう》の如《ごと》し。かゝる形勢《けいせい》にて何《なに》を以《もっ》て天《てん》下《か》に君臨《くんりん》せんや。今般《こんぱん》、朝政一新《ちょうせいいっしん》の時《とき》に膺《あた》り、天下億兆《てんかおくちょう》、一人《ひとり》も其処《そのところ》を得《え》ざる時《とき》は、皆《みな》、朕《ちん》が罪《つみ》なれば、今日《こんにち》の事《こと》、朕《ちん》、自身骨《みずからしんこつ》を労《ろう》し心志《しんし》を苦《くるし》め艱難《かんなん》の先《さき》に立《たち》、古列祖《いにしえれっそ》の尽《つく》させ給《たま》ひし蹤《あと》を履《ふ》み、治績《ちせき》を勤《つと》めてこそ始《はじめ》て天職《てんしょく》を奉《ほう》じて億兆《おくちょう》の君《きみ》たる所《ところ》に背《そむ》かざるべし。往昔《おうせき》、列祖《れっそ》万機《ばんき》を親《みずか》らし、不臣《ふしん》のものあれば、自《みずか》ら将《しょう》としてこれを征《せい》し玉《たま》ひ、朝廷《ちょうてい》の政《まつりごと》、総《すべ》て簡易《かんい》にして此《かく》の如《ごと》く尊重《そんちょう》ならざるゆへ、君臣相親《くんしんあいした》しみて上下相愛《しょうかあいあい》し、徳沢天下《とくたくてんか》に洽《あまね》く、国威海外《こくいかいがい》に輝《かがや》きしなり。然《しか》るに近来《きんらい》、宇内大《うだいおおい》に開《ひら》け、各国四方《かくこくしほう》に相雄飛《あいゆうひ》するの時《とき》に当《あた》り、独我邦《ひとりわがくに》のみ世界《せかい》の形勢《けいせい》にうとく、旧習《きゅうしゅう》を固守《こしゅ》し一新《いっしん》の效《こう》をはからず。朕《ちん》、徒《いたず》らに九重中《ここのえのうち》に安居《あんきょ》し、一日《いちじつ》の安《やす》きを偸《ぬす》み百年《ひゃくねん》の憂《うれい》を忘《わす》るゝときは、遂《つい》に各国《かっこく》の凌侮《あなどり》を受《う》け、上《かみ》は列聖《れっせい》を辱《はずか》しめ奉《たてまつ》り、下《しも》は億兆《おくちょう》を苦《くる》しめん事《こと》を恐《おそ》る。故《ゆえ》に、朕《ちん》、こゝに、百官諸侯《ひゃくかんしょこう》と広《ひろ》く

相誓《あいちか》ひ、列祖《れっそ》の御偉業《ごいぎょう》を継述《けいじゅつ》し、一身《いっしん》の艱難辛苦《かんなんしんく》を問《と》はず、親《みずか》ら四方《しほう》を経営《けいえい》し、汝億兆《なんじおくちょう》を安撫《あんぶ》し、遂《つい》には万里《ばんり》の波《は》濤《とう》を拓開《たくかい》し、国威《こくい》を四方《よも》に宣布《せんぷ》し、天下《てんか》を富岳《ふがく》の安《やす》きに置《おか》んことを欲《ほっ》す。汝億兆《なんじおくちょう》、旧来《きゅうらい》の陋習《ろうしゅう》に慣《な》れ、尊重《そんちょう》のみを朝廷《ちょうてい》の事《こと》となし、神州《しんしゅう》の危急《ききゅう》をしらず、朕《ちん》、一《ひと》たび足《あし》を挙《あぐ》れば非常《ひじょう》に驚《おどろ》き、種々《しゅじゅ》の疑惑《ぎわく》を生《しょう》じ、万口紛紜《ばんこうふんぬん》として、朕《ちん》が志《こころざし》をなさゞらしむる時《とき》は、是《こ》れ朕《ちん》をして君《きみ》たる道《みち》を失《うしな》はしむるのみならず、従《したがっ》て列祖《れっそ》の天下《てんか》を失《うしな》はしむる也《なり》。汝億兆《なんじおくちょう》、能能《よくよく》朕《ちん》が志《こころざし》を体認《たいにん》し、相率《あいひきい》て私見《しけん》を去《さ》り、公義《こうぎ》を採《と》り、朕《ちん》が業《ぎょう》を助《たすけ》て、神州《しんしゅう》を保全《ほぜん》し、列聖《れっせい》の神霊《しんれい》を慰《い》し奉《たてまつ》らしめば、生前《せいぜん》の幸甚《こうじん》ならん。

b.「王政復古の大号令」　慶応三年十二月九日

徳川内府《とくがわないふ》、従前《じゅうぜん》御委任《ごいにんの》大政返上《たいせいへんじょう》、将軍職《しょうぐんしょく》辞退之両条《じたいのりょうじょう》、今般断然《こんぱんだんぜん》被二聞食一召候《きこしめされそうろう》。抑《そもそも》癸丑《みずのとうしのとし》以来《いらい》、未曾有之国《みぞうのこく》難《なんにて》、先帝《せんてい》頻年《としごろ》悩二宸襟一《しんきんをなやまされ》候《そうろう》御次第《おんしだい》、衆庶之所レ知《しゅうしょのしるところ》候《そうろう》。依レ之被レ決二叡慮一《これによりてえいりょをけっせられ》、王政復古《おうせいふっこ》、国威挽回之御基《こくいばんかいのおんもとい》、被レ為レ立《たてさせられ》候間《そうろうあいだ》、自今摂関《じこんせっかん》・幕府等廃絶《ばくふとうはいぜつ》、即今先仮《そくこんまずかり》に総裁《そうさい》・議定《ぎじょう》・参与《さんよ》の三職《さんしょく》を被レ置《おかれ》、万機可レ被レ為レ行《ばんきをおこなわせらるべく》。諸事《しょじ》神武創業之始《じんむそうぎょうのはじめ》に原《もとづ》き、縉紳《しんしん》・武弁《ぶべん》・堂上《どうじょう》・地下之無レ別《じげのべつなく》、至当《しとう》の公議《こうぎ》を竭《つく》し、天下《てんか》と休戚《きゅうせき》を同《おなじ》く可レ被レ遊叡念《あそばさるべきえいねん》に付《つき》、各勉励《おのおのべんれい》、旧来驕惰之汚習《きゅうらいきょうだのおしゅう》を洗《あら》ひ、尽忠報国之誠《じんちゅうほうこくのまこと》を以《もっ》て、可レ致二奉公一《ほうこういたすべく》候事《そうろうこと》。

c. 横井小楠「国是七条」　文久二年

大将軍上洛、謝列世之無礼。（大将軍は上洛して、列世に無礼を謝せ）

止諸侯参勤、為述職。（諸侯の参勤を止め、述職と為せ）
帰諸侯家室。（諸侯の家室を帰せ）
不限外藩譜代、撰賢為政官。（外様・譜代に限らず賢を選んで政官と為せ）
大開言路与、天下為公共之政。（大いに言路を開き、天下と公共之政を為せ）
興海軍、強兵威。（海軍を興し、兵威を強くせよ）
止相対交易、為官交易。（相対交易を止め、官交易と為せ）

d.『五箇条の御誓文』草案対照表

A『五箇条の御誓文』	B「誓」木戸孝允	C「会盟」福岡孝弟	D「議事之体大意」由利公正	E「船中八策」坂本龍馬
①広く会議を興し、万機公論に決すべし。	①列侯会議を興し、万機公論に決すべし。	①列侯会議を興し、万機公論に決すべし。	⑤万機公論に決し、私に論ずるなかれ。	②上下議政局を設け、議員を置きて万機を参賛せしめ、万機宜しく公議に決すべき事。
②上下心を一にして、盛に経綸を行ふべし。	②上下心を一つにして、盛に経綸を行ふべし。	③上下心を一にし、盛に経綸を行ふべし。	②士民心を一にし、盛に経綸を行ふを要す。	
③官武一途庶民に至る迄、各其志を遂げ、人心をして倦まざらしめんことを要す。	③官武一途庶民に至る迄、各其志を遂げ、人心をして倦まざらしめんことを欲す。	②官武一途庶民に至る迄、各其志を遂げ、人をして倦まざらしむるを欲す。	①庶民志を遂げ、人心をして倦まざらしむるを欲す。	
④旧来の陋習を破り、天地の公道に基くべし。	④旧来の陋習を破り、宇内の通義に従ふべし。			⑤古来の律令を折衷し、新に無窮の大典を撰定すべき事。

⑤智識を世界に求め、大に皇基を振起すべし。						我国未曾有の変革を為んとし、朕躬を以て衆に先んじ天地神明に誓ひ、大に斯国是を定め万民保全の道を立んとす、衆亦此旨趣に基き、協心努力せよ。
⑤智識を世界に求め、大に皇基を振基すべし。						
④智識を世界に求め、大に皇基を振起すべし。	⑤徴士期限を以て賢才に譲るべし。					右等之御趣意可被仰出哉。且右会盟相立候処にて大赦之令可被仰出哉。 一　列侯会盟の式 一　列藩巡検使の式
③智識を世界に求め、広く皇基を振基すべし。	④貢士期限を以て賢才に譲るべし。					諸侯会盟之御趣旨右等之筋に可被仰出哉。大赦之事。
④外国の交際広く公議を採り、新に至当の規約を立つべき事。	③有材の公卿諸侯及天下の人材を顧問に備へ官爵を賜ひ、宜しく従来有名無実の官を除くべき事。	①天下の政権を朝廷に奉還せしめ、政令宜しく朝廷より出づべき事。	⑥海軍宜く拡張すべき事。	⑦御親兵を置き、帝都を守衛せしむべき事。	⑧金銀物貨宜しく外国と平均の法を設くべき事。	以上八策は、方今天下の形勢を察し之を宇内万国に徴するに、之を捨て、他に済時の急務あるなし。苟も此数策を断行せば、皇運を挽回し、国勢を拡張し、万国と並立するも亦敢て難しとせず。伏て願くは、公明正大の道理に基き一大英断を以て天下と更始一新せん。

e．「立憲政体樹立の詔」（「元老院・大審院を設置し地方官招集の詔」）

明治八年四月十四日

朕《ちん》、即位《そくい》の初《はじめ》、首《しゅ》として群臣《ぐんしん》を会《かい》し、五事《ごじ》を以《もっ》て神明《しんめい》に誓《ちか》ひ、国是《こくぜ》を定《さだ》め、万民保全《ばんみんほぜん》の道《みち》を求《もと》む。幸《さいわい》に祖宗《そそう》の霊《れい》と群臣《ぐんしん》の力《ちから》とに頼《よ》り、以《もっ》て今日《こんにち》の小康《しょうこう》を得《え》たり。顧《かえりみる》に中興日浅《ちゅうこうひあさ》く、内治《ないち》の事当《ことまさ》に振作更張《しんさくこうちょう》すべき者少《ものすくな》しとせず。朕《ちん》、今誓文《いませいもん》の意《い》を拡充《かくじゅう》し、茲《ここ》に元老院《げんろういん》を設《もう》け以《もっ》て立法《りっぽう》の源《みなもと》を広《ひろ》め、大審院《だいしんいん》を置《お》き以《もっ》て審判《しんぱん》の権《けん》を鞏《かた》くし、又地方官《またちほうかん》を召《しょう》集《しゅう》し以《もっ》て民情《みんじょう》を通《つう》し公益《こうえき》を図《はか》り、漸次《ぜんじ》に国家立憲《こくかりつけん》の政体《せいたい》を立《た》て、汝衆庶《なんじしゅうしょ》と倶《とも》に其慶《そのよろこび》に頼《よら》んと欲《ほっ》す。汝衆庶或《なんじしゅうしょあるい》は旧《きゅう》に泥《なず》み故《ふるき》に慣《な》るること莫《な》く、又或《またあるい》は進《すす》むに軽《かる》く為《な》すに急《きゅう》なること莫《な》く、其《そ》れ能《よく》、朕《ちん》が旨《むね》を体《たい》して翼賛《よくさん》する所《ところ》あれ。

f．「国会開設の勅諭」　明治十四年十月十二日

朕《ちん》、祖宗《そそう》二千五百有余年《にせんごひゃくゆうよねん》の鴻緒《こうしょ》を嗣《つ》ぎ、中古紐《ちゅうこひも》を解《と》くの乾綱《けんこう》を振張《しんちょう》し、大政《たいせい》の統一《とういつ》を総覧《そうらん》し、又夙《またつと》に立憲《りっけん》の政体《せいたい》を建《た》て、後世子孫《こうせいしそん》継《つ》ぐべきの業《ぎょう》を為《な》さんことを期《き》す。先《さき》に明治八年《めいじはちねん》に、元老院《げんろういん》を設《もう》け、十一年《じゅういちねん》に、府県会《ふけんかい》を開《ひら》かしむ。此《こ》れ皆漸次基《みなぜんじもとい》を創《はじ》め、序《じょ》に循《したがっ》て歩《ほ》を進《すす》むるの道《みち》に由《よ》るに非《あら》ざるは莫《な》し。爾有衆《なんじゆうしゅう》、亦《また》、朕《ちん》が心《こころ》を諒《りょう》とせん。

顧《かえり》みるに、立国《りっこく》の体《たい》、国各宜《くにおのおのよろし》きを殊《こと》にす。非常《ひじょう》の事業《じぎょう》、実《じつ》に軽挙《けいきょ》に便《べん》ならず。我祖《わがそ》、我宗《わがそう》、照臨《しょうりん》して上《かみ》に在《あ》り、遺烈《いれつ》を揚《あ》げ、洪模《こうぼ》を弘《ひろ》め、古今《ここん》を変通《へんつう》し、断《だん》じて之《これ》を行《おこな》ふ責《せめ》、朕《ちん》が躬《み》に在《あ》り。将《まさ》に明治二十三年《めいじにじゅうさんねん》を期《き》し、議員《ぎいん》を召《め》し、国会《こっかい》を開《ひら》き、以《もっ》て朕《ちん》が初志《しょし》を成《な》さんとす。今在廷臣僚《いまざいていしんりょう》に命《めい》じ、仮《か》すに時日《じじつ》を以《もっ》てし、経画《けいかく》の責《せめ》に当《あた》らしむ。其組織権限《そのそしきけんげん》に至《いたり》ては、朕《ちん》、親《みずか》ら衷《ちゅう》を裁《さい》し、時《とき》に及《および》て公布《こうふ》する所《ところ》あらんとす。

朕《ちん》、惟《おも》ふに、人心進《じんしんすす》むに偏《へん》して、時会速《じかいすみやか》なるを競《きそ》ふ。浮言相動《ふげんあいうご》かし、竟《つい》に大計《たいけい》を遺《わす》る。是《こ》れ宜《よろ》しく今《いま》に及《および》て、謨《ぼ》訓《くん》を明徴《めいちょう》し、以《もっ》て朝野臣民《ちょうやしんみん》に公示《こうじ》すべし。若《も》し仍《な》ほ故《こと》さらに躁急《そうきゅう》を争《あらそ》ひ、事変《じへん》を煽《せん》し、国安《こくあん》を害《がい》する者《もの》あらば、処《しょ》するに国典《こくてん》を以《もっ》てすべし。特《とく》に茲《ここ》に言明《げんめい》し爾有衆《なんじゆうしゅう》に諭《さと》す。

g.「大日本帝国憲法発布の勅語」　明治二十二年二月十一日

朕《ちん》、国家《こっか》の隆昌《りゅうしょう》と臣民《しんみん》の慶福《けいふく》とを以《もっ》て中心《ちゅうしん》の欣栄《きんえい》とし、朕《ちん》が祖宗《そそう》に承《う》くるの大権《たいけん》に依《よ》り、現在及将来《げんざいおよびしょうらい》の臣民《しんみん》に対《たい》し此《こ》の不磨《ふま》の大典《たいてん》を宣布《せんぷ》す。

惟《おも》ふに、我《わ》が祖《そ》、我《わ》が宗《そう》は、我《わ》が臣民祖先《しんみんそせん》の協力輔翼《きょうりょくほよく》に倚《よ》り我《わ》が帝国《ていこく》を肇造《ちょうぞう》し、以《もっ》て無窮《むきゅう》に垂《た》れたり。此《こ》れ我《わ》が神聖《しんせい》なる祖宗《そそう》の威徳《いとく》と並《ならび》に臣民《しんみん》の忠実勇武《ちゅうじつゆうぶ》にして国《くに》を愛《あい》し公《おおやけ》に殉《したが》ひ以《もっ》て此《こ》の光輝《こうき》ある国史《こくし》の成跡《せいせき》を貽《のこ》したるなり。朕《ちん》、我《わ》が臣民《しんみん》は即《すなわ》ち、祖宗《そそう》の忠良《ちゅうりょう》なる臣民《しんみん》の子孫《しそん》なるを回想《かいそう》し、其《そ》の朕《ちん》が意《い》を奉体《ほうたい》し、朕《ちん》が事《こと》を奨順《しょうじゅん》し、相与《あいとも》に和《わ》衷協同《ちゅうきょうどう》し、益々《ますます》我《わ》が帝国《ていこく》の光栄《こうえい》を中外《ちゅうがい》に宣揚《せんよう》し、祖宗《そそう》の遺業《いぎょう》を永久《えいきゅう》に鞏固《きょうこ》ならしむるの希望《きぼう》を同《おな》くし、此《こ》の負《ふ》担《たん》を分《わか》つに堪《た》ふることを疑《うたが》はざるなり。

h.「大日本帝国憲法発布の上諭」　明治二十二年二月十一日

朕《ちん》、祖宗《そそう》の遺烈《いれつ》を承《う》け、万世一系《ばんせいいっけい》の帝位《ていい》を践《ふ》み、朕《ちん》が親愛《しんあい》する所《ところ》の臣民《しんみん》は、即《すなわ》ち、朕《ちん》が祖宗《そそう》の恵撫慈養《けいぶじよう》したまひし所《ところ》の臣民《しんみん》なるを念《おも》ひ、其《そ》の康福《こうふく》を増進《ぞうしん》し、其《そ》の懿徳良能《いとくりょうのう》を発達《はったつ》せしめむことを願《ねが》ひ、又其《またそ》の翼賛《よくさん》に依《よ》り与《とも》に倶《とも》に国家《こっか》の進運《しんうん》を扶持《ふじ》せむことを望《のぞ》み、乃《すなわ》ち明治十四年十月十二日《めいじじゅうよねんじゅうがつじゅうににち》の詔命《しょうめい》を履践《りせん》し、茲《ここ》に大憲《たいけん》を制定《せいてい》し、朕《ちん》が率由《そつゆう》する所《ところ》ヲ示《しめ》し、朕《ちん》が後嗣及臣民及臣民《こうしおよびしんみんおよびしんみん》の子孫《しそん》たる者《もの》をして永遠《えいえん》に循行《じゅんこう》する所《ところ》を知《し》らしむ。

国家統治《こっかとうち》の大権《たいけん》は、朕《ちん》が之《これ》を祖宗《そそう》に承《う》けて之《これ》を子孫《しそん》に伝《つた》ふる所《ところ》なり。朕及朕《ちんおよびちん》が子孫《しそん》は、将来此《しょうらいこ》の憲法《けんぽう》の条章《じょうしょう》に循《したが》ひ、之《これ》を行《おこな》ふことを愆《あやま》らざるべし。

朕《ちん》は、我《わ》が臣民《しんみん》の権利及財産《けんりおよびざいさん》の安全《あんぜん》を貴重《きちょう》し、及之《およびこれ》を保護《ほご》し、此《こ》の憲法及法律《けんぽうおよびほうりつ》の範囲内《はんいない》に於《おい》て其《そ》の享有《きょうゆう》を完全《かんぜん》ならしむべきことを宣言《せんげん》す。帝国議会《ていこくぎかい》は明治二十三年《めいじにじゅうさんねん》を以《もっ》て之《これ》を召集《しょうしゅう》し、議会開会《ぎかいかいかい》の時《とき》（明治二十三年十一月二十九日）を以《もっ》て此《こ》の憲法《けんぽう》をして有効《ゆうこう》ならしむるの期《き》とすべし。

将来若此《しょうらいもしこ》の憲法《けんぽう》の或《あ》る条章《じょうしょう》を改定《かいてい》するの必要《ひつよう》なる時宜《じぎ》を見《み》るに至《いた》らば、朕及朕《ちんおよびちん》が継統《けいとう》の子孫《しそん》は、発議《ほつぎ》の権《けん》を執《と》り、之《これ》を議会《ぎかい》に付《ふ》し、議会《ぎかい》は此《こ》の憲法《けんぽう》に定《さだ》めたる要件《ようけん》に依《よ》り之《これ》を議決《ぎけつ》するの外《ほか》、朕《ちん》が子孫及臣民《しそんおよびしんみん》は、敢《あえ》て之《これ》が紛更《ふんこう》を試《こころ》みることを得《え》ざるべし。

朕《ちん》が在廷《ざいてい》の大臣《だいじん》は、朕《ちん》が為《ため》に此《こ》の憲法《けんぽう》を施行《しこう》するの責《せめ》に任《にん》ずべく、朕《ちん》が現在及将来《げんざいおよびしょうらい》の臣民《しんみん》は、此《こ》の憲法《けんぽう》に対《たい》し永遠《えいえん》に従順《じゅうじゅん》の義務《ぎむ》を負《お》ふべし。

i.「教育勅語」（教育に関する勅語）　明治二十三年十月三十日

朕《ちん》、惟《おも》ふに、我《わ》が皇祖皇宗国《こうそこうそうくに》を肇《はじ》むること宏遠《こうえん》に、徳《とく》を樹《た》つること深厚《しんこう》なり。我《わ》が臣民克《しんみんよ》く忠《ちゅう》に克《よ》く孝《こう》に、億兆《おくちょう》心《こころ》を一《いつ》にして世世厥《よよそ》の美《び》を済《な》せるは、此《こ》れ我《わ》が国体《こくたい》の精華《せいか》にして、教育《きょういく》の淵源亦実《えんげんまたじつ》に此《ここ》に存《そん》す。爾臣民《なんじしんみん》、父母《ふぼ》に孝《こう》に、兄弟《けいてい》に友《ゆう》に、夫婦相和《ふうふあいわ》し、朋友相信《ほうゆうあいしん》じ、恭倹己《きょうけんおの》れを持《じ》し、博愛衆《はくあいしゅう》に及《およ》ぼし、学《がく》を修《おさ》め、業《ぎょう》を習《なら》ひ、以《もっ》て智能《ちのう》を啓発《けいはつ》し、徳器《とくき》を成就《じょうじゅ》し、進《すすん》で公益《こうえき》を広《ひろ》め、世務《せいむ》を開《ひら》き、常《つね》に国憲《こっけん》を重《おもん》じ、国法《こくほう》に遵《したが》ひ、一旦緩急《いったんかんきゅう》あれば義勇公《ぎゆうこう》に奉《ほう》じ、以《もっ》て天壌無窮《てんじょうむきゅう》の皇運《こううん》を扶翼《ふよく》すべし。是《かく》の如《ごと》きは独《ひと》り朕《ちん》が忠良《ちゅうりょう》の臣民《しんみん》たるのみならず、又以《またもっ》て爾祖先《なんじそせん》の遺風《いふう》を顕彰《けんしょう》するに足《た》らん。

斯《こ》の道《みち》は、実《じつ》に我《わ》が皇祖皇宗《こうそこうそう》の遺訓《いくん》にして、子孫臣民《しそんしんみん》の倶《とも》に遵守《じゅんしゅ》すべき所《ところ》、之《これ》を古今《ここん》に通《つう》じて謬《あやま》らず、之《これ》を中外《ちゅうがい》に施《ほどこ》して悖《もと》らず、朕《ちん》、爾臣民《なんじしんみん》と倶《とも》に拳々服膺《けんけんふくよう》して咸其徳《みなそのとく》を一《いつ》にせんことを庶幾《こいねが》ふ。

j.「新日本建設の詔書」（「年頭、国運振興の詔書」）　昭和二十一年一月一日

茲《ここ》に新年《しんねん》を迎《むか》ふ。顧《かえり》みれば、明治天皇《めいじてんのう》、明治《めいじ》の初国是《はじめこくぜ》として五箇条《ごかじょう》の御誓文《ごせいもん》を下《くだ》し給《たま》へり。曰《いわ》く、

一、広《ひろ》く会議《かいぎ》を興《おこ》し、万機公論《ばんきこうろん》に決《けっ》すべし。
一、上下心《しょうかこころ》を一《いつ》にして、盛《さかん》に経綸《けいりん》を行《おこな》ふべし。
一、官武一途庶民《かんぶいっとしょみん》に至《いた》る迄《まで》、各其志《おのおのそのこころざし》を遂《と》げ、人心《じんしん》をして倦《う》まざらしめんことを要《よう》す。
一、旧来《きゅうらい》の陋習《ろうしゅう》を破《やぶ》り、天地《てんち》の公道《こうどう》に基《もとづ》くべし。
一、智識《ちしき》を世界《せかい》に求《もと》め、大《おおい》に皇基《こうき》を振起《しんき》すべし。

叡旨公明正大《えいしこうめいせいだい》、又何《またなに》をか加《くわ》へん。朕《ちん》は茲《ここ》に誓《ちかい》を新《あらた》にして国運《こくうん》を開《ひら》かんと欲《ほっ》す。須《すべか》らく此《こ》の御趣旨《ごしゅし》に則《のっと》り、旧來《きゅうらい》の陋《ろう》

習《しゅう》を去《さ》り、民意《みんい》を暢達《ちょうたつ》し、官民《かんみん》挙《あ》げて平和主義《へいわしゅぎ》に徹《てっ》し、教養《きょうよう》豊《ゆた》かに文化《ぶんか》を築《きず》き、以《もっ》て民生《みんせい》の向上《こうじょう》を図《はか》り、新日本《しんにっぽん》を建設《けんせつ》すべし。

大小都市《だいしょうとし》の蒙《こうむ》りたる戦禍《せんか》、罹災者《りさいしゃ》の艱苦《かんく》、産業《さんぎょう》の停頓《ていとん》、食糧《しょくりょう》の不足《ふそく》、失業者増加《しつぎょうしゃぞうか》の趨勢等《すうせいとう》は真《しん》に心《こころ》を痛《いた》ましむるものあり。然《しか》りと雖《いえど》も、我国民《わがこくみん》が現在《げんざい》の試煉《しれん》に直面《ちょくめん》し、且《かつ》徹頭徹尾《てっとうてつび》文明《ぶんめい》を平和《へいわ》に求《もと》むるの決意《けつい》固《かた》く、克《よ》く其《そ》の結束《けっそく》を全《まっと》うせば、独《ひと》り我国《わがくに》のみならず全人類《ぜんじんるい》の為《ため》に、輝《かがや》かしき前途《ぜんと》の展開《てんかい》せらるることを疑《うたが》はず。

夫《そ》れ家《いえ》を愛《あい》する心《こころ》と国《くに》を愛《あい》する心《こころ》とは我国《わがくに》に於《おい》て特《とく》に熱烈《ねつれつ》なるを見《み》る。今《いま》や実《じつ》に此《こ》の心《こころ》を拡充《かくじゅう》し、人類愛《じんるいあい》の完成《かんせい》に向《むか》ひ、献身的努力《けんしんてきどりょく》を致《いた》すべきの秋《とき》なり。

惟《おも》ふに長《なが》きに亘《わた》れる戦争《せんそう》の敗北《はいぼく》に終《おわ》りたる結果《けっか》、我国民《わがこくみん》は動《やや》もすれば焦躁《しょうそう》に流《なが》れ、失意《しつい》の淵《ふち》に沈淪《ちんりん》せんとするの傾《かたむ》きあり。詭激《きげき》の風《ふう》漸《よう》やく長《ちょう》じて道義《どうぎ》の念《ねん》頗《すこぶ》る衰《おとろ》へ、為《ため》に思想混乱《しそうこんらん》の兆《ちょう》あるは洵《まこと》に深憂《しんゆう》に堪《た》へず。

然《しか》れども朕《ちん》は爾等《なんじら》国民《こくみん》と共《とも》に在《あ》り、常《つね》に利害《りがい》を同《おな》じうし休戚《きゅうせき》を分《わか》たんと欲《ほっ》す。朕《ちん》と爾等《なんじら》国民《こくみん》との間《あいだ》の紐帯《ちゅうたい》は、終始《しゅうし》相互《そうご》の信頼《しんらい》と敬愛《けいあい》とに依《よ》りて結《むす》ばれ、単《たん》なる神話《しんわ》と伝説《でんせつ》とに依《よ》りて生《しょう》ぜるものに非《あら》ず。天皇《てんのう》を以《もっ》て現御神《あきつみかみ》とし、且《かつ》日本国民《にっぽんこくみん》を以《もっ》て他《た》の民族《みんぞく》に優越《ゆうえつ》せる民族《みんぞく》にして、延《ひい》て世界《せかい》を支配《しはい》すべき運命《うんめい》を有《ゆう》すとの架空《かくう》なる観念《かんねん》に基《もとづ》くものに非《あら》ず。

朕《ちん》の政府《せいふ》は国民《こくみん》の試煉《しれん》と苦難《くなん》とを緩和《かんわ》せんが為《ため》、あらゆる施策《しさく》と経営《けいえい》とに万全《ばんぜん》の方途《ほうと》を講《こう》ずべし。同時《どうじ》に朕《ちん》は我国《わがこく》民《みん》が時艱《じかん》に蹶起《けっき》し、当面《とうめん》の困苦克服《こんくこくふく》の為《ため》に、又《また》産業《さんぎょう》及《および》文運《ぶんうん》振興《しんこう》の為《ため》に勇往《ゆうおう》せんことを希念《きねん》す。我国民《わがこくみん》が其《そ》の公民《こうみん》生活《せいかつ》に於《おい》て団結《だんけつ》し、相倚《あいよ》り相扶《あいたす》け、寛容《かんよう》相許《あいゆる》すの気風《きふう》を作興《さくこう》するに於《おい》ては、能《よ》く我《わが》至高《しこう》の伝統《でんとう》に恥《は》ぢざる真価《しんか》を発《はっ》揮《き》するに至《いた》らん。斯《かく》の如《ごと》きは実《じつ》に我国民《わがこくみん》が人類《じんるい》の福祉《ふくし》と向上《こうじょう》との為《ため》、絶大《ぜつだい》なる貢献《こうけん》を為《な》す所以《ゆえん》なるを疑《うたが》はざるなり。

一年《いちねん》の計《けい》は年頭《ねんとう》に在《あ》り、朕《ちん》は朕《ちん》の信頼《しんらい》する国民《こくみん》が朕《ちん》と其《そ》の心《こころ》を一《いっ》にして、自《みずか》ら奮《ふる》ひ自《みずか》ら励《はげ》まし、以《もっ》て此《こ》の大業《たいぎょう》を成《じょう》就《じゅ》せんことを庶幾《こいねが》ふ。

k.「日本国憲法公布の上諭」 昭和二十一年十一月三日

朕は、日本国民の総意に基いて、新日本建設の礎が、定まるに至つたことを、深くよろこび、枢密顧問の諮詢及び帝国憲法第七十三条による帝国議会の議決を経た帝国憲法の改正を裁可し、ここにこれを公布せしめる。

l.「日本国憲法」第一章 天皇

第一条　天皇は、日本国の象徴であり日本国民統合の象徴であつて、この地位は、主権の存する日本国民の総意に基く。

第二条　皇位は、世襲のものであつて、国会の議決した皇室典範の定めるところにより、これを継承する。

第三条　天皇の国事に関するすべての行為には、内閣の助言と承認を必要とし、内閣が、その責任を負ふ。

第四条　天皇は、この憲法の定める国事に関する行為のみを行ひ、国政に関する権能を有しない。

②　天皇は、法律の定めるところにより、その国事に関する行為を委任することができる。

第五条　皇室典範の定めるところにより摂政を置くときは、摂政は、天皇の名でその国事に関する行為を行ふ。この場合には、前条第一項の規定を準用する。

第六条　天皇は、国会の指名に基いて、内閣総理大臣を任命する。

② 天皇は、内閣の指名に基いて、最高裁判所の長たる裁判官を任命する。
第七条 天皇は、内閣の助言と承認により、国民のために、左の国事に関する行為を行ふ。
一 憲法改正、法律、政令及び条約を公布すること。
二 国会を召集すること。
三 衆議院を解散すること。
四 国会議員の総選挙の施行を公示すること。
五 国務大臣及び法律の定めるその他の官吏の任免並びに全権委任状及び大使及び公使の信任状を認証すること。
六 大赦、特赦、減刑、刑の執行の免除及び復権を認証すること。
七 栄典を授与すること。
八 批准書及び法律の定めるその他の外交文書を認証すること。
九 外国の大使及び公使を接受すること。
十 儀式を行ふこと。
第八条 皇室に財産を譲り渡し、又は皇室が、財産を譲り受け、若しくは賜与することは、国会の議決に基かなければならない。

m・ドナルド・キーンによる『五箇条の御誓文』英訳

Oath in Five Articles

Deliberate assemblies shall be widely established and all matters decided by public discussion.

All classes, high and low, shall unite in vigorously carrying out the administration of affairs of state.

The common people, no less than the civil and military officials, shall each be allowed to pursue his own calling so that there may be no discontent.

Evil customs of the past shall be broken off and everything based on the just laws of nature.

Knowledge shall be sought throughout the world so as to strengthen the foundations of imperial rule.

出典　森清人謹撰『縮刷版　みことのり』（錦正社、平成十四年）

Donald KEENE : *Emperor of Japan —MEIJI AND HIS WORLD, 1852-1912* (COLUMBIA UNIVERSITY PRESS,2002)

五箇条の御誓文関係年表

年号	年	西暦	月	日	事　件
安永	7	1778	6	9	露国船、蝦夷地厚岸に来航
天明	2	1782			天明の大飢饉
寛政	4	1792	9	3	ラクスマン根室来航
文化	1	1804	9	7	レザノフ長崎来航、通商要求
	5	1808	8	15	フェートン号事件
文政	8	1825	2	18	異国船打払令
天保	4	1833			天保の大飢饉
	8	1837	2	19	大塩平八郎の乱
			6	28	モリソン号事件
	10	1839	5	14	蛮社の獄
弘化	3	1846	閏5	27	ビッドル浦賀に来航、通商要求
嘉永	6	1853	6	3	ペリー浦賀に来航
			6	9	米国大統領フィルモアの親書を手交
			6	15	幕府、ペリー来航を奏聞
			7	1	老中阿部正弘、米国国書の返書に関し諸大名に意見を求める
			7	3	将軍御目見以上の幕吏にも返書に関し諮問
			7	18	プチャーチン長崎に来航
			10	23	徳川家定、征夷大将軍・内大臣に任命される
			11	1	幕府、米国国書の諾否を明答せずに退去させる方針を布告
	7	1854	3	3	日米和親条約調印
			7	9	幕府、日章旗を日本国総船印とする
			7	28	蘭国軍艦スンビン号、長崎入港
			閏7	15	英国東インド艦隊司令長官スターリング、長崎入港
			8	23	日英和親条約調印
安政	1	1855	12	21	日露和親条約調印
	2	1855	9	18	朝廷に米英露との和親条約謄本を提出
		1856	12	23	日蘭和親条約調印
	3	1856	8	24	幕府、米国駐日総領事ハリスの駐在許可
	5	1858	4	23	彦根藩主井伊直弼、大老に就任
			6	19	日米修好通商条約調印
			7	10	日蘭修好通商条約調印（7/11 日露、7/18 日英）
			9	3	日仏修好通商条約調印
			9	7	安政の大獄はじまる
			10	24	老中間部詮勝、条約調印事情弁明のため参内

安政	5	1858	10	25	徳川家茂、征夷大将軍・内大臣に任命される
	7	1860	3	3	桜田門外の変
万延	1	1860	8	18	和宮降嫁勅許を幕府に内達（10/18 正式勅許）
文久	2	1862	2	11	和宮と家茂との婚儀
			6	10	徳川慶喜・松平慶永の登用の朝旨を将軍家茂に伝える
			8	21	生麦事件
	3	1863	3	5	徳川慶喜、将軍名代として参内し、庶政委任を奏請
			7	2	薩英戦争
			8	18	8月18日の政変
			8	19	三条実美ら七公卿、長州へ
元治	1	1864	7	19	禁門の変
			7	24	第一次長州征伐（7/23 萩藩追討の朝命）
			8	5	萩藩、英米仏蘭四国連合艦隊と交戦
慶応	1	1865	10	5	天皇、条約勅許、兵庫先期開港は不許可の勅
	2	1866	6	7	第二次長州征伐
		1867	12	5	徳川慶喜、征夷大将軍・内大臣に任命される
	3	1867	1	9	睦仁親王践祚
			6	22	大政奉還の薩土盟約
			6		坂本龍馬「船中八策」
			10	14	大政奉還
		1868	12	9	王政復古の大号令
	4	1868	1	3	鳥羽・伏見の戦い（～明治2年5月18日五稜郭の戦い・戊辰戦争）
			1		由利公正「議事之体大意」
			1		福岡孝弟「会盟」
			3		木戸孝允「誓」
			3	14	「五箇条の御誓文」「国威宣布の宸翰」
			閏4	21	「政体書」
明治	1	1868	9	8	明治改元（一世一元の制）
	5	1872			萩原正平「御誓文大意」
	6	1873	10	24	西郷隆盛下野。翌日、副島・後藤・板垣・江藤下野（征韓論政変）
	14	1881	10	12	「国会開設の勅諭」
	22	1889	2	11	「大日本帝国憲法」発布
	23	1890	10	30	「教育勅語」
			11	29	第一回帝国議会開会
昭和	21	1946	1	1	「新日本建設の詔書」
			11	3	「日本国憲法」公布

※明治5年まで旧暦のため、月日も旧暦とした。

参考・引用文献

【資料】

『公文録　明治十三年　第九十巻』（国立公文書館）

『公文録　明治十三年　第九十一巻』（国立公文書館）

『公文録　明治十三年　第九十二巻』（国立公文書館）

「河野広中関係文書　書類の部」一六八（国立国会図書館憲政資料室）

大石憲法研究所編『世界各国の憲法集』（嵯峨野書院、昭和四十八年）

大久保利謙『近代史資料』（吉川弘文館、昭和四十年）

大久保利謙『史料による日本の歩み　近代編』（吉川弘文館、昭和二十六年）

多田好問『岩倉公実記（中）』（原書房、昭和四十三年）

【著書】

維新史料編纂会『子爵福岡孝弟談話筆記』（非売品、大正元年）

稲田正次『明治憲法成立史（上）』（有斐閣、昭和三十五年）

尾佐竹猛『維新前後に於ける立憲思想（前編）』（邦光堂、昭和四年・増訂改版）

Donald KEENE : *Emperor of Japan —MEIJI AND HIS WORLD*, 1852-1912 (COLUMBIA UNIVERSITY PRESS,2002)

坂本多加雄『明治国家の建設――一八七一～一八九〇――（日本の近代二）』（中央公論社、平成十一年）

坂本多加雄『坂本多加雄選集Ⅱ　市場と国家』（藤原書店、平成十七年）
ＴＢＳブリタニカ編集部『万機公論に決すべし――小泉純一郎首相の「所信表明演説」――』（ＴＢＳブリタニカ、平成十三年）
清水澄『逐条帝国憲法講義　全』〔第十版〕（松華堂書店、昭和十一年）
杉浦重剛（解説・所功）『教育勅語　昭和天皇の教科書』（勉誠出版、平成十四年）
童門冬二『横井小楠と由利公正の新民富論』（経済界、平成十二年）
所功『皇室の伝統と日本文化』（広池学園出版部、平成八年）
鳥海靖『日本近代史講義――明治立憲制の形成とその理念――』（東京大学出版会、昭和六十三年）
中西輝政『日本人として知っておきたい近代史（明治篇）』（ＰＨＰ新書、平成二十二年）
萩原正平『御誓文大意　全』（三嶋神社蔵板・明治五年）
萩原正平『御宸翰大意　全　萩原正平述』（三嶋神社蔵板・明治八年）
藤田覚『近世政治史と天皇』（吉川弘文館、平成十一年）
藤田覚『日本の時代史一七　近代の胎動』（吉川弘文館、平成十五年）
三上一夫・舟澤茂樹編『由利公正のすべて』（新人物往来社、平成十三年）
宮地正人『国際政治下の近代日本（日本通史Ⅲ）』（山川出版社、昭和六十二年）
明治神宮『明治天皇詔勅謹解』（講談社、昭和四十八年）
森清人謹撰『縮刷版　みことのり』（錦正社、平成十四年）
横井小楠『小楠遺稿』（民有社、明治二十二年）

【論文】

畦地亨平「幕末における『公議政体論』の展開」（『日本史研究』第四四号、日本史研究会、昭和三十四年）
稲田正次「五箇条の御誓文と政体書の発布」（『富士論叢』第三号、富士短期大学学術研究会、昭和三十四年十一月）
井上孚麿『御誓文謹解』（国民精神文化研究第三十一冊）』（国民精神文化研究所、昭和十三年）
井上勲「幕末・維新期における『公議輿論』観念の諸相――近代日本における公権力形成の前史としての試論――」（『思想』第六〇九号、岩波書店、昭和五十年）
尾佐竹猛「五箇条の御誓文附政体書並官吏公選」（文明協会『明治戊辰』文明書院、昭和三年）
亀掛川博正「公議政体論と土佐藩の動向（Ⅰ）～（Ⅲ）」（『政治経済史学』第一五四・一五六・一五七号、日本政治経済史学研究所、昭和五十四年三月・五月・六月）
川田敬一「『五箇条の御誓文』再考」（『日本学研究』第一〇号、金沢工業大学日本学研究所、平成十九年）
川田敬一「『五箇条の御誓文』の現代的意義」（『日本』第五五巻第六号、日本学協会、平成十七年六月）
キーン、ドナルド「明治天皇と日本文化」（『京都産業大学日本文化研究所紀要』第七・八合併号、京都産業大学日本文化研究所、平成十五年、講演記録）
後藤節正「五箇条のご誓文の受け止め方」（霊山顕彰会編『いま明治維新から何を学ぶか――明治維新の現代的意義を考える――』霊山顕彰会、昭和六十三年）
小森幸一「幕末維新の公議思想――資料から見る議会制度の萌芽――」（『日本大学理工学部一般教育教室彙報』第一九号、日本大学理工学部、昭和五十一年）

小森幸一「明治維新後の公議制度——立憲政治の淵源と展開——（一）（二）」（『日本大学理工学部一般教育教室彙報』第二三号・第二四号、日本大学理工学部、昭和五十二年・五十三年）
スティール、マリオン・ウィリアム「勝海舟と横井小楠——公議政治を目指す二つの道——」（『日本思想史』第三七号、ぺりかん社、平成三年）
高木不二「横井小楠における政権構想の展開——公武合体論から公議政体論へ——」（『史学』第四九巻第四号、三田史学会、昭和五十五年）
高橋秀直「『公議政体派』と薩摩倒幕派——王政復古クーデター再考——」（『京都大学文学部紀要』第四十一号、京都大学大学院文学研究科・文学部、平成十四年）
田中卓「明治天皇の御誓文と宸翰を仰いで——天皇親政の本質を考へる——」（『日本』第五〇巻第一号、日本学協会、平成十二年一月）
内藤俊彦「幕末における公議政体論の展開（一）（二）」（『法学』第三十五巻第三号・第四号、東北大学法学会、昭和四十六年・昭和四十七年）
中武敏彦「奥羽列藩と『公議』理念」（『アジア文化史研究』第四号、東北学院大学大学院法学研究科、平成十六年）
楢原孝俊「公議輿論思想の形成（上）——前提条件の成立を中心に——」（『国士舘大学政経論争』第八〇号、国士舘大学経済学会、平成四年六月）
長谷川亨「明治維新と公議輿論政治」（『日本法学』第二五巻三・四・五合併号、日本大学法学会、昭和三十四年）
福岡孝弟「五箇条御誓文ト政体書ノ由来ニ就イテ」（国家学会編『明治憲政経済史論』有斐閣、大正八年）
藤井新一「明治初年の公議政体論」（『研究論集』第四号、駒澤大学商経学会、昭和三十八年）

松沢弘陽「公議輿論と討論のあいだ――福沢諭吉の初期議会政観――」（『北大法学論叢』第四一巻第五・六合併号、北海道大学大学院法学研究科、平成三年）
水木惣太郎「維新前後の公議制度」（『日本法学』第二六巻第六号、日本大学法学会、昭和三十六年）
源了円「横井小楠における学問・教育・政治――『講学』と公議・公論思想の形成の問題をめぐって――」（『日本思想史』第三七号、ぺりかん社、平成三年）
三上一夫「福井藩『挙藩上洛計画』にみる横井小楠の『公議論』基調」（『日本思想史』第三七号、ぺりかん社、平成三年）
三谷博「明治維新における『王政』と『公議』」（『アステイオン一九九八秋』TBSブリタニカ、平成十年）
吉野作造「憲政の本義を説いて其有終の美を済すの途を論ず」（『吉野作造集　近代日本思想大系十七』筑摩書房、昭和五十一年）
吉野作造「民衆的示威運動を論ず」（『吉野作造集　近代日本思想大系十七』筑摩書房、昭和五十一年）
李雲「横井小楠と幕末の福井藩――その『開国』と『公議』を中心に――」（『論集』第三五号、駒澤大学外国語学部、平成四年）

【雑誌】
文部省『文部時報』第一七七号（五箇条御誓文奉戴七十年記念特輯、昭和十二年三月）
亘理章三郎編『修身研究パンフレット第十七輯　五箇条之御誓文解釈の考拠』（斯の道学会、昭和四年六月）

あとがき

昨年（平成二十三年）三月十一日、三陸沖を震源とするマグニチュード九・〇の大地震が発生し、東日本に甚大な被害をもたらしました。また、大地震だけでなく大津波に襲われ、さらに福島第一原子力発電所の事故も発生して、深刻な事態に発展しました。被災された方々の苦難や悲しみは計り知れません。しかし、日本各地だけでなく全世界から、多くの援助や励ましが寄せられました。特に自衛隊・警察・消防・海上保安庁などの救援活動はまさに命がけで続けられ、直接被災地に駆けつけボランティア活動をした若い人々も多数います。

しかも、何より多くの人々に慰めと励ましをもたらされたのは、天皇・皇后両陛下です。両陛下は、震災直後、皇居で帰宅できない人々を受け入れられ、自主停電も実施されました。また、地震発生の五日後には、陛下の発案で真心のこもった「お言葉」が放映されました。その結びにおいて、「被災者のこれからの苦難の日々を、私たち皆が、さまざまな形で少しでも多く分かち合っていくこと」が大切であること、「国民一人びとりが、被災した各地域の上にこれからも長く心を寄せ、被災者とともにそれぞれの地域の復興の道のりを見守り続けていくこと」を心より願っておられます。さらに、三月三十日の避難者へのお見舞いを皮切りに、四月十四日から七週間連続して被災地へお見舞いのご訪問をされるなど、いち早く率先して大震災に対応されました。

このように、両陛下をはじめ多くの国民も、「私」のことより「公」のことを考え、上下心を一つにして、国難に対応したといえます。これこそが、日本人の底力なのです。

震災の復興には、まだまだ時間がかかります。復興以外にも解決すべき様々な問題が数多くあります。今回のような非常時はもちろんのこと、常日頃から「公」のことを考えて行動しなければなりません。それは誰にもできることなのです。今こそ、『五箇条の御誓文』の理念を深く理解し、より多くの国民が日本を良くするために、協力・努力をしようではありませんか。

なお、本書は、『五箇条の御誓文』発布一四〇年を迎えるにあたり執筆した「『五箇条の御誓文』再考」を基にして、学生や一般社会人の方々にも読みやすいように訂正・追加をしました。

最後になりましたが、本書を刊行するにあたり、資料の閲覧と掲載を許可してくださった国立公文書館・国立国会図書館・宮内庁書陵部・福井県立図書館・明治神宮聖徳記念絵画館、さらに資料と内容について御示教を頂いた所功京都産業大学教授をはじめ多くの方々に、あわせて心から感謝の意を表します。